LA VELADA EN BENICARLÓ

MANUEL AZAÑA

LA VELADA
EN BENICARLÓ
Diálogo de la guerra de España

edhasa

Consulte nuestra página web: htpps://www.edhasa.es
En ella encontrará el catálogo completo de Edhasa comentado.

Diseño de la colección: Jordi Salvany

Diseño de la cubierta: Edhasa

Imagen de la cubierta: istock

Primera edición: noviembre de 2024

© de la edición: Manuel Aragón, 1981, 2005, 2017
Edición original en Castalia: 1981, 2005
Castalia es una marca registrada de Edhasa
Las fotografías reproducidas en el Archivo gráfico han sido cedidas gentilmente por
D. Vicente A. Serrano para esta edición.
© de la presente edición: Edhasa, 2024
Diputación 262, 2º1ª
08007 Barcelona
Tel. 93 494 97 20
España
E-mail: info@edhasa.es

ISBN: 978-84-350-1604-9

Impreso en Barcelona por CPI Black Print

Depósito legal: B 15546-2024

Impreso en España

SUMARIO

NOTA
A ESTA EDICIÓN
(tercera edición)

Pasados once años desde la segunda edición que publicara entonces Editorial Castalia, vuelve a publicarse *La velada en Benicarló*, de Manuel Azaña, ahora en Edhasa Literaria, manteniendo las mismas premisas que sus ediciones anteriores. En esta tercera edición, al igual que en la segunda de 2005, se incluyen el «estudio preliminar», la «bibliografía» y las «notas» (editorial y a pie de página) que redacté para la primera edición de 1974, y que se mantienen sin variación alguna, pues siguen vigentes, a mi juicio, las razones que, para no modificarlas, expuse en la nota a la segunda edición. A esa nota, que también se incorpora a esta tercera edición, me remito. En ella, aparte de otras consideraciones referidas, en general, a la importancia de la obra política e intelectual de Manuel Azaña, y en particular a determinadas características del libro que se reeditaba, advertía sobre la validez específica que podría tener, en 2005, la lectura de *La velada en Benicarló* como antídoto frente a los intentos que entonces se producían de resucitar el viejo odio que dio lugar al fracaso de la República y a la tragedia de la guerra civil.

Aquella preocupación mía de 2005 no ha perdido, lamentablemente, actualidad, pues la instigación de enfrentamientos entre españoles aún no ha desaparecido en determinados sectores de nuestra política, no mayoritarios, pero sí muy activos. Hoy, transcurridos ya casi ochenta años desde la República y la guerra civil, y más de cuarenta desde la muerte de Franco, cuando ya muchos creíamos que las viejas heridas habían quedado cerradas por una admirable Transición de la dictadura a la democracia y por una Constitución de amplio consenso que, desde 1978, estableció en España un Estado de Derecho democrático y social, parece que el peligro de tornar al odio fratricida, a la consideración del adversario político como enemigo al que hay que destruir y, en definitiva, al desprecio por las reglas de la democracia constitucional, no ha desaparecido. Como tampoco ha desaparecido, sino que se ha incrementado, el intento de destruir la unidad de la comunidad política española pese a siglos de vida en común. Todo ello, además, alimentado por un clima, el actual, en el que proliferan los extremismos y la demagogia, que no sólo se ha extendido en España, sino también en las demás sociedades del mundo occidental.

Otra vez, en consecuencia, resulta necesario releer a Azaña, a la totalidad de sus escritos y discursos, en los que tantas veces reiteró sus ideas de que no pueden garantizarse la libertad e igualdad más que en la democracia parlamentaria, única forma civilizada de organizar el poder, de que el Estado ha de fomentar la educación y la cultura, de que España, como realidad histórica y política sólo tiene sentido si no se fragmenta y, por ello, si su unidad ampara también la diversidad. Fuera de la democracia parlamentaria, del Estado de Derecho, diría una y otra vez, no hay más que totalitarismos, esto es, antidemocracia productora, más pronto o más tarde, de miseria material e intelectual, dominio de los débiles por los poderosos, lucha constante de todos contra todos.

Pero, más especialmente aún conviene leer de nuevo esa especie de testamento político que fue *La velada en Benicarló*. Una pieza literaria de excepcional valía por la tersura de su prosa, despojada de cualquier barroquismo (que sí había afectado negativamente a su, por fortuna, escasa producción novelística y teatral), caracterizada por un estilo conciso y directo tan en la línea de la escritura de algunos de sus ensayos, de muchos de sus artículos en la prensa, de sus diarios y memorias y de sus cartas, entre ellas la admirable que, en los peores momentos, dirigió a Ossorio y Gallardo. Pero, además de ese valor literario, lo más significativo de *La velada* es que constituye un alegato ecuánime, inteligente, a favor de la tolerancia, de la reconciliación, de la democracia y de la libertad, hecho en tiempos tan poco propicios para ello como los de la guerra civil y formulado, precisamente, por quien encarnó como pocos el espíritu de aquella República atacada por los militares golpistas, pero también por gran parte de los propios republicanos. Azaña, cuando escribió *La velada*, era consciente de que su ideal de República (un Estado de Derecho democrático, social y autonómico, esto es, el que muchos años después establecería la actual Constitución) estaba pereciendo en aquellas circunstancias españolas, pero no abdica de él. No abandona sus convicciones políticas, pese a que las sostenga, en aquellos trágicos momentos, casi en solitario.

Por ello, en *La velada* dirá que «ninguna política puede basarse en la decisión de exterminar al adversario», que «es un despropósito inmoral y un dislate político separar la intención de una causa de los medios empleados para su triunfo», o que la cuestión capital que se plantea en la vida política y que debe orientarla se reduce «a un problema de libertad, de razón, de dignidad humana. A implantar un régimen tolerable, tolerante, manifiesto en un Estado más inteligente, más próximo a la moral social de nuestro tiempo, que aproveche mejor el valor de los hombres y respete la independencia de juicio». Ante el fracaso de la República y la tragedia de la guerra civil constata, con desgarrada lucidez, que «sea cual sea el curso de los sucesos, lo más claro hasta ahora es el hundimiento de la República», «la corriente inspiradora de la República ha quedado desviada o enturbiada. Ahora me doy cuenta de que muy pocos bebían en ella, si no era por frivolidad o por conveniencia de adaptarse».

Al levantar el acta de aquel fracaso aclara: «No me refiero, como creerán muchos, al llamado «desbordamiento» político y social. La tolerancia religiosa introducida por fuerza de la ley en un país de intolerantes, la libertad de conciencia y de cultos, se han anegado en la matanza de curas, en la quema de iglesias, en convertir en almacenes las catedrales, de una parte; y de otra, en fusilar masones, protestantes y ateos. Así en los restantes temas adoptados por la República en su acción inmediata. Pero no me refiero a ello. Pienso en la zona templada del espíritu, donde no se aclimatan la mística ni el fanatismo políticos, de donde está excluida toda aspiración a lo absoluto. En esa zona, donde la razón y la experiencia incuban la sabiduría, había yo asentado para mí la República. La República no tenía por qué embargar la totalidad del alma de cada español, ni siquiera la mayor parte de ella, para los fines de la vida nacional y del Estado. Al contrario: había de desembargar muchas partes de la vida intelectual y moral, indebidamente embargadas, y oponerse a otros embargos de igual índole, pedidos con ahínco por los banderizos. Durante seis años, esa convicción ha estado latente en todos mis juicios sobre el porvenir de la República. No todos lo han entendido. Lo pensaba así, en nombre de la fecundidad de la vida del espíritu, único y verdadero fundamento de la civilización. Si la República no había venido a adelantar la civilización en España ¿para qué la queríamos?».

Ante el fanatismo, de todo signo, incubado antes, pero desatado en la guerra, dirá que «mi postura es la más incómoda. Ninguno de los valores que formaron mi persona moral se ha derrumbado. Lo que antes me parecía justo, sigue pareciéndomelo. Lo odioso, también. No me he puesto una máscara, ni me he quitado ninguna, porque no la tenía. Aguanto la guerra con espíritu de paz y las ráfagas de insania con mi razón entera. Causa de mis mayores tormentos, porque rechazo toda anestesia. No quiero ni puedo dejar de ser lo que soy».

¿Qué es lo que fue y seguirá siendo Manuel Azaña hasta su muerte muy poco después de terminada la guerra civil? Un liberal demócrata que pudo haber cometido errores como gobernante, pero que nunca abdicó de su compromiso político, intelectual y moral, por hacer de España una comunidad civilizada, o lo que es igual, compuesta de personas libres e iguales en su libertad. Ese anhelo entonces fracasó, pero aquel compromiso, trasladado a las nuevas generaciones, no debe perder vigencia, ya que su cumplimiento es la única vía para hacer frente a los nuevos peligros que hoy se ciernen sobre nuestra democracia constitucional. La lectura cuidadosa de *La velada en Benicarló* puede ayudarnos mucho en ese empeño.

MANUEL ARAGÓN

NOTA
A LA SEGUNDA EDICIÓN
(2005, Editorial Castalia)

Treinta años después vuelve a editarse, por Castalia, este libro. Nos ha parecido conveniente, a la editorial y a mí, no alterar aquella edición de 1974 y, por ello, dejar el «estudio preliminar», la «bibliografía» que le acompañaba, las «notas sobre la presente edición», que le seguían, así como las notas a pie de página, tal como entonces se redactaron y publicaron. Y ello por varias razones: en cuanto a las notas a pie de página y a las «notas sobre (aquella) edición», porque son inseparables de la publicación de *La velada en Benicarló* por Castalia, que además le prestan un especial valor; por lo que se refiere al «estudio preliminar», porque poco podría ahora modificar, ya que sigo estando de acuerdo con lo que entonces escribí, pese a que en estos treinta años transcurridos se han publicado, aparte de otros trabajos míos, importantes contribuciones sobre Azaña, entre las que cabe señalar la de Santos Juliá, pero que no obligan, creo, a rectificar lo que allí se decía; y, en fin, la «bibliografía» con que se cerraba el propio «estudio» tenía un sentido en cierto modo histórico, por fijar la imagen de Azaña en 1974, muy revelador de lo que significó la edición en aquel momento, y que se perdería si se incluyese ahora todo lo publicado sobre Azaña posteriormente. Por tales razones hemos repetido, íntegramente, aquella primera edición que constituyó, me parece, un relevante acontecimiento político-intelectual. En la España de los años finales de la dictadura publicar *La velada* después de superar muchas dificultades que no viene ahora al caso recordar, pero que cualquiera puede comprender, supuso, de un lado, reivindicar la importancia política e intelectual de la figura de Azaña, tan vilipendiado por el franquismo y, al mismo tiempo, tan desconocido por las jóvenes generaciones de españoles, de otro ayudar a la recuperación de una tradición liberal-democrática afectada por las mismas circunstancias y, finalmente, promover la difusión de un análisis, como el contenido de *La velada,* sobre los problemas de la República y muy en particular sobre la guerra civil, realizado con una hondura y ausencia de sectarismo admirables, por quien fue, precisamente, el presidente de aquella misma República asediada por la guerra *(La velada* se escribió en 1937) y al final vencida.

En 1974, cuando desde los sectores más vivos de la sociedad española se anhelaba el cambio político hacia la democracia, la recuperación del pensamiento de Azaña adquiría una especial significación. Por ello la publicación de *La velada* en otoño de aquel año fue, sin duda, un hecho que se inscribió de manera destacable en los esfuerzos de entonces de rechazo del franquismo y búsqueda de la libertad.

Al recordar ahora aquella edición no pueden silenciarse dos nombres decisivos que la hicieron posible: José Luis Abellán, director de la Biblioteca de Pensamiento, de Castalia, que la promovió, y Amparo Soler, sostén y alma de Castalia, que con todo entusiasmo la apoyó. Tampoco debo ocultar la ayuda que me prestaron, en mis tareas de editor e introductor, Dolores de Rivas Cherif, viuda de Azaña, y Enrique de Rivas, su sobrino. Gracias, pues, a todos ellos pudo, por fin, publicarse por primera vez en España, a los treinta y seis años de haber visto la luz en Francia (edición realizada en 1938, a la que siguieron la argentina de 1939 y las italiana y mexicana de 1967) una de las obras señeras de Manuel Azaña, corregida de erratas que arrastraban anteriores ediciones extranjeras y, por ello, con el texto auténtico que había decidido su autor.

El impacto que en España causó esta publicación de *La velada* se acrecentaría años después con la puesta en escena de la excelente versión teatral que de ella hizo José Luis Gómez, en la que tuve la oportunidad de colaborar, y que alcanzó un éxito notable. *La velada* obtuvo, así, el reconocimiento que en España se merecía como documento político y como reflexión intelectual.

Una vez apuntado, pues otra cosa no se puede en lo que quiere ser una breve nota, el significado que tuvo en 1974 aquella primera edición, cabría preguntarse qué sentido tiene ahora la segunda, treinta años después, cuando tantas cosas han cambiado entre una y otra fecha.

Para responder a esa pregunta me parece que puede adelantarse que tales cambios han afectado, como es lógico, a algunas de las razones que avalaron la edición de 1974, pero no a las principales, que se mantienen. Si pasamos revista, primero, a lo que, sin duda, se ha transformado, resulta claro que, al ser la situación política actual radicalmente distinta a la de entonces, desaparece con ello uno de los significados que tuvo aquella primera edición: en la España de hoy publicar *La velada* ya no podría considerarse un acto de rebeldía, como sí lo fue en 1974, pues, afortunadamente, la parte nuclear de los designios políticos de Azaña se encuentra ahora incorporada al texto de nuestra Constitución. También ha cambiado la imagen de Azaña, un hombre denostado entonces por el franquismo y hoy ampliamente respetado hasta el punto de haber sido reiteradamente citado con elogio por un presidente de Gobierno de derechas. Se ha transformado, igualmente, el grado de conocimiento de las obras de Azaña, a las que entonces sólo podía accederse, y ello con bastantes dificultades por las trabas que ponía el mismo régimen político, a través de la edición mexicana de las *Obras Completas,* de 1967, preparada por Juan Marichal; en cambio, hoy ya se han difundido ampliamente en España todos los discursos y escritos de Azaña, incluida la parte de su «Diario» (o «Memorias») que, por haberse recuperado posteriormente, no pudo recoger la citada edición de Marichal. En cuanto a los estudios sobre Azaña la situación también ha variado considerablemente: entonces eran muy pocos y ahora contamos con gran cantidad de publicaciones sobre su pensamiento y su obra política. Se han alterado, pues, algunas de las razones que justificaron la primera edición, en la medida en que hoy, como acaba de decirse, ni hay que luchar contra una dictadura ni Azaña está tan necesitado de reivindicación y difusión. Sin embargo, otras razones, quizá las principales, como ya se adelantó, y que se refieren no tanto, en general, a la figura de Azaña o al conjunto de sus obras, cuanto, específicamente, a *La velada en Benicarló,* siguen teniendo plena vigencia, puesto que descansan en el carácter muy singular de esta obra, lo que, sin duda, justificará siempre su publicación, especialmente oportuna, además, en estos momentos. Por ello ha de considerarse esta segunda edición, que ha sido posible gracias a la buena disposición de Enriqueta Azaña, sobrina del autor, como un completo acierto, pues esta obra se destaca, con luz propia, dentro de toda la producción intelectual de Manuel Azaña.

Efectivamente, como se detalla en el «estudio preliminar» a la edición de 1974 y que ahora se vuelve a incluir, en *La velada* se contienen las claves principales de pensamiento de Azaña, y por ello resulta esencial dentro de toda su producción; está concebida, además, deliberadamente, como una especie de testamento político de su autor, lo que nos permite conocer sus últimos designios y contrastarlos con sus posiciones intelectuales y políticas anteriores; y, sobre todo, se hace balance de la República y de la guerra, analizando, con admirable ecuanimidad, los avatares de aquélla y el significado de ésta.

Azaña, en *La velada,* que está montada como un diálogo en el que se reflejan diversos puntos de vista sobre la República y, especialmente, sobre la guerra civil, no hurta el suyo propio, que expresa a través de los dos personajes principales de la obra: Garcés y Morales. Esto último nos permite conocer la opinión de Azaña (que coincide, por lo demás, con la expuesta en sus «Memorias») sobre aquellos acontecimientos. Para él, gane quien gane la guerra, la República («su» República liberal y democrática) habrá fracasado, pues ya ha caído en manos del extremismo, triunfante en uno y otro bando. La guerra, dirá Azaña, no sólo supuso, claro está, y principalmente, un condenable levantamiento en armas contra las legítimas instituciones republicanas, sino también el desmoronamiento interno de la propia República, maltratada por muchos de aquellos que debían defenderla. En su crítica será bastante más duro con los militares rebeldes y con las ideas antidemocráticas que representaban, como es obvio, pero no dejará de zaherir a gran parte de los propios republicanos, pues Azaña considera que destacados sectores de ellos, con sus actuaciones revolucionarias, unos, sus excesos nacionalistas de desintegración territorial, otros, su indisciplina y sus desmanes, algunos más, han destruido los pilares jurídicos y políticos que daban sentido al régimen de la Constitución de 1931, aparte de convertirse, si al final la República perdía la guerra, en una de las causas principales de la derrota.

Animado (y no importa repetirlo, por lo raro que en aquellos momentos esta actitud podía resultar) por un firme propósito de ecuanimidad (pese a la guerra, diría Azaña en su discurso en el Ayuntamiento de Barcelona el 18 de julio de 1938, «no voy a convertirme en lo que nunca he sido: en un banderizo obtuso, fanático y cerril») defenderá, por supuesto, la legitimidad de la causa republicana, pero no silenciará, ni dejará de condenar, los crímenes cometidos en uno y otro bando, además de insistir en el componente cainita, de odio fratricida que, por encima de los enfrentamientos ideológicos o de clase, tuvo aquella espantosa sangría.

Este modo de juzgar la guerra civil, que no exime de culpa a los militares rebeldes, claro está, pero que tampoco declara por completo inocentes a todos los republicanos, otorga una especial utilidad a la presente edición de *La velada,* como antídoto a lo que parece un desatino: el intento de algunos, ahora, pasados ya tantos años, de desenterrar, en todos los sentidos, los enfrentamientos de aquella guerra, reavivando los viejos odios que la transición política, con el más loable propósito, había intentado apagar para siempre.

Hoy, cuando ya han transcurrido casi sesenta y cinco años de la muerte de Azaña, caben muchos juicios sobre su condición de político y de intelectual. Creo que puestos en una balanza sus aciertos y sus errores (y éstos los tuvo, por supuesto, y algunos muy graves) el resultado es positivo y el paso del tiempo no hará más que acrecentar el valor de su figura y de su obra, desde luego de su obra intelectual. Pero, sobre todo, lo que no podrá nunca regateársele es su posición de dignidad moral, de auténtico patriotismo, adoptada en las horas decisivas de la guerra civil, cuando más difícil era sustraerse al odio y al rencor, máxime tratándose, precisamente, del propio presidente de la República atacada por la rebelión. De todo ello nos ha dejado suficiente testimonio en *La velada*. En aquellos tristes momentos, Manuel Azaña, en el discurso ya aludido de 1938, elevándose por encima de los dos bandos, y como expresión de sus más profundos deseos, envió un inequívoco mensaje sobre la guerra civil a las generaciones de entonces y a las venideras: «paz, piedad y perdón».

Cuando salió la primera edición de *La velada* creíamos muchos que, después de tantos años de propaganda contraria, se avizoraba un futuro en el que era posible, por fin, que ese mensaje fructificara. Cuando ahora aparece la segunda edición, además de constatar que sí fructificó en una reconciliación sellada, en 1978, por el texto constitucional, hay que volver a expresar, también, una esperanza: que ese fruto, que tanto costó cultivar, no se malogre.

MANUEL ARAGÓN

ESTUDIO PRELIMINAR

1. Apuntes biográficos

Nació Manuel Azaña en Alcalá de Henares el 10 de enero de 1880, en el seno de una familia acomodada, con tradición burocrática y de estirpe liberal. Su bisabuelo, notario de profesión, fue secretario del primer Ayuntamiento constitucional de aquella ciudad, y en calidad de tal proclamó la Constitución doceañista en 1820. Su abuelo, también notario, mandó el batallón alcalaíno de la milicia nacional. Su padre era alcalde constitucional de Alcalá de Henares el día que nació Azaña. El peso de esta genealogía en la toma de postura de Azaña ante la vida lo ha estudiado con agudeza el profesor Manchal,[1] y, efectivamente, aunque sin exagerarlo en extremo, puede ser considerado como dato importante para la comprensión de su personalidad. En todo caso, es evidente que Azaña tiene plena conciencia de esa historia familiar, como lo muestra que al escribir su segunda novela, *Fresdeval,* utilice como personajes a sus antecesores liberales.

Cuando Azaña tenía nueve años murió su madre, a los pocos meses falleció también su abuelo, y el día que cumplía diez años perdió finalmente a su padre. Azaña y sus dos her-

---

1. MAKICHAL, Juan, *La vocación de Manuel Azaña,* Edicusa, Madrid, 1968, pp. 23 y 24.

manos quedaron al cuidado de unas tías. De los trece a los dieciocho años cursó estudios de Derecho en El Escorial, en la Universidad (o Real Colegio) de los PR Agustinos. De su estancia en aquel lugar y de la influencia que ello tuvo en la formación de su temperamento (una mezcla de soledad, orgullo, hipersensibilidad y melancolía) nos dejó una valiosa descripción en su primera novela: *El jardín de los frailes.* Se licenció en Derecho en la Universidad de Zaragoza y se doctoró en la de Madrid en 1900, con una tesis sobre *La responsabilidad de las multitudes.* Pasó algunos años en la capital de España frecuentando la Academia de Jurisprudencia (donde pronunció en 1902 un discurso sobre «La libertad de asociación») y adscrito como pasante en el bufete de un célebre abogado (Díaz Cobeña), alternando con estancias más o menos largas en Alcalá. Obtuvo por oposición, en 1909, el puesto de letrado de la Dirección General de los Registros y del Notariado. En 1911 logró una beca de la Junta para la Ampliación de Estudios, con destino a L'Ecole Nationale des Chartes, de París. En este centro de documentación y paleografía estudió Azaña el Derecho Civil francés de la Edad Media. Además de sus investigaciones sobre historia jurídica francesa y de su asistencia, en la Facultad de Derecho, a las clases del profesor Saleilles, siguió el curso del profesor Morel-Fatio en el Colegio de Francia sobre la historiografía de Carlos V. Estos últimos conocimientos serán, precisamente, los que utilizará frente a Ganivet[2] defendiendo el sentido popular del movimiento de las Comunidades, así como en otros muchos lugares de sus escritos y discursos cuando pretendía

2. AZAÑA DÍAZ, Manuel, *Obras completas,* Ed. Oasis, México (1966-1968), tomo I, pp. 568 a 619 (*El «Idearium» de Ganivet,* 1921-1930).

rastrear las huellas de una tradición democrática en nuestra historia nacional.[3] Estuvo en París más de un año. Al poco tiempo de su regreso a Madrid fue elegido secretario del Ateneo. Vuelve otra vez a Francia en 1916, con un grupo de intelectuales españoles, para visitar los frentes de guerra.[4] Su tercera estancia en París será en 1919, por un año. Estos viajes tendrán una indudable importancia para su formación intelectual y determinarán una inalterable actitud de cariño por Francia, en la que ve la patria de la libertad y la cultura.[5]

Resulta curioso contrastar cómo tres corrientes muy significativas entre nuestros liberales «europeístas», generalmente universitarios, que en aquellas décadas salieron pensionados al extranjero para ampliar estudios, pueden plasmarse en tres personas que, a su vez, representan tres talantes intelectuales coincidentes, grosso modo, con el espíritu cultural de los países que visitaron. Azaña coincide mejor con el modelo francés, como Ortega con el alemán y Jiménez Fraud con el inglés. Azaña sería, hasta el fin de su vida, un intelectual que, como muchos intelectuales franceses, ve en la política la cul-

3. *Ibid.*, tomo I, pp. 601 a 603, tomo II, pp. 264, 468, 995 y 996.
4. Ante el conflicto bélico Azaña se agruparía en el bando de los españoles aliadófilos (aunque en su caso cabría calificarle más exactamente como «francófilo»).
5. *Ibid., op. cit.*, tomo I, p. 81 (artículo en *La Correspondencia de España*, 11-9-1911): «Si Francia es todavía un hogar civilizado, fautor del progreso; si España (como Baroja reconoce) necesita de otros pueblos que la adoctrinen y la guíen, no hay por qué maldecir del genio francés ni de su prestigio entre nosotros, porque el influjo de un país superiormente culto sobre otro que lo es menos, nunca puede ser funesto para los intereses de la cultura misma, que es, en definitiva, lo que nos interesa»; más adelante, en la p. 82: «¿No es la misma Francia, es decir, ideas, procedimientos y hasta personas francesas, la que en el siglo XVIII promueve en España un ligero movimiento progresivo, fracasado por la pobreza y la inercia del pueblo?... Si los legisladores de Cádiz construyeron un Código liberal, creo que fue por la expansión de las ideas francesas, y como resultado de una propaganda de muchos años, que, aún coartada por los Gobiernos, difundió entre nosotros el espíritu del siglo XVIII».

minación propia, casi natural, de la vida intelectual; un intelectual político, un ateneísta, un pensador no especialista; un carácter, pues, más literario que científico, que entendió la política como labor artística, creadora. Ortega se destacaría siempre como un pensador riguroso, actitud más propia del intelectual alemán, que hace objeto de reflexión el pensamiento más que la realidad extrateórica y cuyas ideas no están, en consecuencia, abocadas de inmediato a la acción política, temeroso de comprometerse (o mejor cabría decir, de «ensuciarse las manos») con las tareas de gobierno, a las que siempre tuvo, además, un cierto despego aristocrático. Jiménez Fraud se convertiría en un educador entregado plenamente a la pedagogía, tarea callada, gris, pero eficaz; en la misma línea de una corriente bien definida del pensamiento anglosajón que considera la reforma política únicamente realizable a través de la acción puramente social.

Aunque se ha pretendido distinguir un Azaña literato de un Azaña político, o se ha hablado de una doble vocación, literaria y política, estas dos vocaciones no son más que dos facetas de una personalidad única y fuerte y, en consecuencia, apenas discernibles. Por ello, aunque sus producciones literarias aparecen antes que sus actuaciones políticas, desde un principio se encuentran ambas preocupaciones efectivamente enlazadas. Ya en los años 1897-1898 publicó diversos artículos firmados con el seudónimo «Salvador Rodrigo» en la revista de Alcalá *Brisas del Henares,* y entre 1901 y 1902, con el mismo seudónimo, algunos artículos más y dos cuentos en la revista madrileña *Gente Vieja.* Otros artículos suyos aparecerán en *La Correspondencia de España* en 1911-1912 bajo el seudónimo de «Martín Pinol». Tanto en unos como en otros, junto a escritos de puro contenido literario hay muchos (los más) de corte esencialmente político (sobre el Congreso, el sufragio, la política francesa, etc.). Su primer libro se publica en 1918, y precisamente sobre un tema político: *Estudios de política francesa* (donde se contienen ya la mayor parte de las teorías sobre la función del ejército que intentaría poner en práctica durante el primer bienio republicano). Colabora también en *El Liberal, El Imparcial* y *El Fígaro.* Funda la revista literaria *La Pluma,* que se publicará desde 1920 a 1923, y desde el 1 de enero de 1923 hasta marzo de 1924 ocupa la dirección de la revista *España,* en la cual escribirá con asiduidad. En 1927 ve la luz su primera novela, *El jardín de los frailes,* y por aquel tiempo elaborará también sus estudios sobre Valera, que le valdrán el premio nacional de literatura.[5bis]

En 1918 hizo su primera incursión en la política, presentándose como candidato a diputado del partido reformista por el distrito de Puente del Arzobispo, sin éxito. Volverá a hacerlo por el mismo distrito y dentro del mismo partido en 1923, perdiendo de nuevo las elecciones, según su cuñado y biógrafo[6] a consecuencia de los manejos caciquiles. Sus intentos por conseguir un asiento en el Congreso se debieron, quizá, aparte de sus convicciones por entonces reformistas, a la fácil tentación de seguir los pasos de lo que constituía en aquellos tiempos la carrera habitual que se ofrecía a las personas con talento y aspiraciones. El Azaña de esos años era un Azaña nada revolucionario, impregnado por la corriente krausista, que creía en la posibilidad de mejorar, desde dentro, a

---

5 bis. Dentro de su labor intelectual no deben olvidarse tampoco sus excelentes traducciones de obras francesas e inglesas, entre las que cabe destacar *La Biblia en España,* de Bonow.

6. RIVAS-XERIF, Cipriano de, *Retrato de un desconocido (Vida de Manuel Azaña),* Ed. Oasis, México, 1961, pp. 77 a 83.

las instituciones y a la sociedad, sobre todo a través de la tarea educadora llevada a cabo por minorías preparadas (repárese en que Azaña fue uno de los fundadores, en 1913, de la «Liga de educación política española» patrocinada por Ortega). Esta postura reformista quiebra ante la Dictadura de Primo de Rivera, contra la que se opone de inmediato; y el 17 de septiembre de 1923, a los cuatro días del golpe de Estado, Azaña se separa del partido reformista, mediante carta dirigida a Melquíades Álvarez[7] reprochándole su inhibición ante lo que, a su juicio, suponía un ataque, perpetrado por el general insurrecto, contra la legalidad del poder público y contra los principios liberal-democráticos afirmados como indeclinables por el propio partido. En 1924, inmediatamente después de abandonar el reformismo, Azaña se proclama republicano y elige claramente, desde entonces, la vía revolucionaria. En ese mismo año escribe el manifiesto «Apelación a la República» y en 1925 funda el grupo político «Acción Republicana».

Contrajo matrimonio el 27 de febrero de 1929 con Dolores de Rivas Cherif, veintidós años menor que él, hermana de Cipriano, escritor y amigo suyo. No tuvo hijos. En 1930 es elegido Presidente del Ateneo de Madrid. Participa en el Pacto de San Sebastián, como representante de su grupo político, y toma parte en la fracasada conjura republicana de diciembre de ese año. Desde el 14 de abril de 1931 su trayectoria es de todos conocida: Ministro de la Guerra en el Gabinete presidido por Alcalá Zamora y, sin solución de continuidad, Presidente del Consejo de Ministros hasta el 9 de septiembre de 1933;[8] pasó a la oposición con la victoria elec-

---

7. *Ibid.*, pp. 84 y 85.
8. En 1932, siendo Presidente del Consejo de Ministros, estrenó su obra teatral *La Corona*.

toral de las derechas en noviembre de 1933; acontecimientos de Barcelona y prisión de Azaña en el otoño de 1934; campaña electoral en 1935, con sus «discursos en campo abierto»; vuelta al poder con las elecciones de febrero de 1936; Presidencia del Consejo y, de inmediato, de la República; guerra civil. En 1937 escribe *La velada en Benicarló*. Durante los años de guerra prosigue, día a día, la redacción de sus memorias (a las que cabría mejor denominar «diario»). Vencido y desanimado pasa a Francia el 4 de enero de 1939. El 27 de febrero presentó su dimisión como Presidente de la República y el 3 de noviembre de 1940 murió en Montauban, ciudad del «Midi» francés. Azaña tenía sesenta años.

2. El político intelectual

Ahora, a más de treinta años de su muerte y de la guerra civil, con la perspectiva que nos da el paso del tiempo para la mejor comprensión de su persona y su obra, parece necesario enfrentarse seriamente con el estudio de Manuel Azaña.[9]

Quizá bastaría el hecho de haber sido Ministro de la Guerra, Presidente del Consejo y Jefe del Estado de la segunda República para que la preocupación por su obra política fuese una obligación ineludible de cuantos se interesan (deberían ser todos) por la comprensión de nuestro próximo pasado. Pero a este hecho, que explicaría el interés puramen-

---

9. Lo que no supone dejar de reconocer el mérito incuestionable de obras como la ya citada de Marichal (magnífica biografía intelectual) o el acercamiento humano al personaje que se aprecia en la de Emiliano Aguado (*Don Manuel Azaña Díaz,* Ed. Nauta, Madrid, 1972). Nos referimos, más bien, a la falta de estudios teóricos sobre la significación política del pensamiento de Azaña.

te general, hay que añadir una circunstancia muy cualifica-
da que presta a la figura de Azaña un especial atractivo: la
altura y el rigor intelectual de su pensamiento. Este binomio,
inseparablemente unido en Azaña, del político y el intelectual hace que su estudio desborde los límites de la historia
política. Azaña no es solamente un político que ha jugado
un papel importante, decisivo, en nuestra historia, sino un
político que es al tiempo un intelectual, que se esfuerza por
comprender en términos racionales la realidad con que se
enfrenta, por elevar a categoría la anécdota,[10] y que nos ha
dejado, además, los resultados de su esfuerzo en unas obras
de bellísima prosa.

Si tuviéramos que desentrañar las calidades de su espíritu
encontraríamos en primer lugar, como rasgo más sobresalien-
te, su capacidad de emoción estética. Degustador «entendido»
de las artes plásticas y de la literatura, amante de la música,[11]
sobre la que tenía criterios de fina comprensión... de todo
ello nos ha dejado abundantes testimonios en sus «memorias».
Como resumen de lo dicho vale su repetida frase de que

> El museo del Prado es más importante para España
> que la República y la Monarquía juntas.[12]

---

10. «Descubrir la conexión de los hechos notorios, resonantes en la vida cotidiana,
con los impulsos inteligentes que aspiran a dirigirlos o a crearlos, ha sido mi propósito
principal» (Azaña, *op. cit.,* tomo I, p. 259, «Estudios de política francesa», 1919).

11. Rivas-Xerif, Cipriano de, *op. cit.,* pp. 206 y 207. Socio durante muchos años de la
Filarmónica de Madrid, Presidente de Honor más tarde de la orquesta de Pérez Casas,
su entusiasmo por la sinfonía *Pastoral* de Beethoven y por la sinfonía *Júpiter* de Mozart
cuadra muy bien con el talante «rousseauniano» de su espíritu estético.

12. Azaña Díaz, Manuel, *op. cit.,* tomo III, p. 549 (carta a Ángel Ossorio, 28-VI-1939).
En el mismo sentido: tomo III, p. 442 (*La velada en Benicarló*) y tomo IV, p. 895 (*Memorias,* 19-XJ-1938).

Pero es en la contemplación del paisaje donde más altura ganará su emoción estética. Azaña nos ha dejado unas hermosísimas descripciones de las tierras españolas, en las que se refleja una admiración constante por la pureza, la bondad, la belleza, la magnificencia de la naturaleza, que nos dice mucho de la influencia de las lecturas de Rousseau en su formación espiritual.

El caso de Madrid es singular para una capital. A los quince minutos de salir de casa, puede uno emboscarse en un monte solitario, disolverse en el natural, no corregido por nadie. Sin hablar de la calidad del paisaje. Aquellos lugares infunden en el ánimo el tónico acendrado de su hermosura. Profunda, sin ostentación imponente. Solemne. Por vía de la cual aprendí a evadirme de lo cotidiano y a restaurar en su nuda vetustez las cosas, como siempre fueron, antes de la mecánica, del turismo, de los deportes. Los riscos que señorean el Hoyo de Manzanares, abren un balcón sobre el valle de Cerceda, delante de la Maliciosa y la Pedriza. Un navazo alfombrado de yerbas olorosas: el horizonte, desde Gredos al Ocejón: Navachescas. Espesar de las encinas antiguas. Gamos en libertad. Suavidad incógnita del valle del Manzanares. Y aquel altozano, más allá de Alpedrete, de cara al circo de Siete Picos y Cabeza de Hierro, brillante como acero, húmedo de nieves derretidas, de chorros que se despeñan. Más lejos, la majestad del pinar de Balsaín. Y los ocasos en Cueva Valiente, teñidos de rojo, de malva, los cejales sobre la tierra segoviana. Apropiándome por la emoción tales lugares, he sido más fabulosamente rico que todos los potentados del mundo.[13]

13. *Ibid., op. cit.,* tomo IV, p. 693 (*Memorias,* 24–VII–1937).

A esta sensibilidad se une un voraz apetito de lector, difícilmente saciado con diarias lecturas que no se interrumpen ni en los momentos más críticos. En plena insurrección barcelonesa, en los graves acontecimientos de mayo de 1937, después de una jornada en la que su propia vida estuvo en peligro, mientras en la calle hay tiros, cañonazos, constantes refriegas, verdaderamente amenazadoras, cansado, nervioso, preocupado en extremo, ya entrada la noche, Azaña se retira a dormir, y se pone a leer, con agrado, hasta altas horas de la madrugada.

> Cuando bajábamos la escalera... se reprodujo el fuego de ametralladora y bombas con más violencia que nunca. Los de la estación tiraban con saña. Suspendimos la salida, es claro. Toda aquella rociada nos habría caído encima... Se recibieron noticias de nuevos movimientos de columnas confederales que abandonaban el frente, camino de Barcelona... Mi mujer se retiró pronto. Yo estuve todavía un rato con los jefes y oficiales del Cuarto Militar, y de nuevo Masquelet logró impacientarme con su embobamiento y susto. Creo que le chillé, contra mi costumbre. Me fui a acostar y estuve leyendo hasta las cuatro de la mañana un libro de Jules Romains, que me gustó en extremo.[14]

Como político que es a la vez intelectual, se caracterizaría por la lucidez[15] y por el afán de reflexionar sobre la realidad,

---

14. *Ibid., op. cit.,* tomo IV, p. 586 (*Memorias,* 20-V-1937).
15. *Ibid., op. cit.,* tomo II, p. 31 (Discurso de clausura de la asamblea nacional de Acción republicana, Barcelona, 14-IX-1931): «Y el entusiasmo no sirve para administrar ni para gobernar, ni para reformar un país; el entusiasmo ofusca el entendimiento,

y no sólo por la acción sobre ella, pero quizá también por un planteamiento demasiado intelectual de la vida política.[16]

Por ello, lo primero que se desprende de su obra, y que más puede llamar la atención por la constancia y reiteración con que es afirmado una y otra vez, es su continuo afán de «racionalización». Creemos que este hecho es fácilmente comprensible: muy propio del intelectual, pero más aún de un intelectual liberal–radical como Azaña, es la fe en la capacidad de la razón para ordenar la realidad.[17] La existencia de leyes políticas racionales, y la posibilidad de que rijan por la sola fuerza de su propia entidad racional, es el hilo conductor que puede llevarnos a desentrañar el pensamiento de Azaña en lo que se refiere a las cuestiones políticas. Hay una afirmación suya extraordinariamente ilustrativa al respecto:

> Y cuando yo me he puesto a trabajar... lo que uno piensa es que está realizando una España y un régimen según los dictados de su propia razón.[18]

Azaña, pues, intentará modelar la realidad política y social desde su particular planteamiento teórico, desde «su razón»,

---

paraliza la acción y extravía a las gentes. Y la obra de gobierno es toda serenidad, toda inteligencia, toda prudencia y tino en el manejo de los negocios públicos».

16. Dirá una y otra vez que la política es una actuación de la inteligencia (*Obras Completas,* tomo I, pp. 632 y 633), envidiará la «contaminación» que en Francia existe entre política e inteligencia (id. tomo I, p. 259). Su fe en la palabra, que «crea, dirige y gobierna» (id. tomo I. p. 459) se entiende desde esta actitud, así como también su exaltación del político que, a la vez, es buen escritor (crítica al libro del General Berenguer, id. tomo I, pp. 506 a 510).

17. Postura explicable si la ponemos en relación con el «culturalismo» propio del intelectual y la separación entre razón y realidad que se predica por el pensamiento liberal–radical desde la Ilustración.

18. Azaña Díaz, Manuel, *Obras Completas,* tomo II, p. 693 (Charla en la sociedad «El Sitio», Bilbao, 4–IV–1933).

teniendo muy poco en cuenta «las razones» del contexto, lo que supone un escaso sentido de la acomodación y el pacto.

Seguramente que a mí me llaman sectario en todas partes. Pero, bien: yo no lo rechazo. Todos somos un poco sectarios, sectarios de nuestro propio pensamiento. Yo no conozco a nadie que esté dispuesto a guiarse por el pensamiento del vecino de enfrente, y en política, cuando todas las cosas pierden matices, flexibilidad, cuando se convierten en acción o en obra de gobierno... hay que dar a la idea y a los programas una dirección de flecha triangular y penetrante.[19]

No es que Azaña se desentienda por completo del contexto social ni de la carga histórica de la tradición, lo que ocurre es algo un poco distinto: ambas realidades deberán tenerse en cuenta para establecer certeramente el diagnóstico y operar después con exacto conocimiento en la reforma, pero nunca deberán ser un lastre para la misma. La historia, dirá, es la corrección de la tradición por medio de la razón;[20] la actuación política no debe ir a rastras de la realidad; al contrario, tendrá que transformarla mediante una labor creadora.

La obligación de un político y de un gobernante no es tender la vela al viento que pasa, sino quizá contrariar el viento; mejor dicho, navegar.[21]

19. *Ibid., op. cit.,* tomo II, pp. 439 y 440 (Discurso en Santander, el 30-IX-1932).
20. *Ibid., op. cit.,* tomo II, p. 259 (Sesión de Cortes del 27-V-1932).
21. *Ibid., op. cit.,* tomo II, p. 324 (Discurso en el Centro de Acción Republicana de Madrid, el 22-VI-1932).

El intelectualismo político o la política intelectualista, que en Azaña encama de modo casi antológico, aunque implique, como decimos, una actitud intransigente, no se identifica necesariamente con el dogmatismo. El enfoque de la contienda política como una lucha entre lo verdadero y lo falso[22] y no como un simple regateo entre intereses contrapuestos, no conduce en Azaña a la afirmación dogmática de un repertorio cerrado de fórmulas «salvadoras». Más bien se trata de todo lo contrario.

La acción política es una defensa de la inteligencia frente al error,[23] y el error consiste, precisamente, en negar a priori la posibilidad de la verdad ajena, y la inteligencia en aceptar esta posibilidad y negar, en consecuencia, el dogma. La verdad universal que debe orientar, piensa Azaña, toda acción política, es la verdad de la libertad. No hay más verdad que la de la libertad de cada cual en busca de la verdad propia, ni más profundo error que el intento de negar a los demás esa libertad. Azaña es así un sectario de la libertad, es decir, un liberal jacobino, que es probablemente la única forma de ser liberal allí en donde el liberalismo no constituye la base de toda cultura política.

Dejando de lado facetas que, aunque importantes, son en cierto sentido secundarias, como la de su patente esteticismo,[24]

22. *Ibid., op. cit.,* tomo I, p. 489: «Cualquier pugna política, despojada de sus apariencias, se resuelve en una contienda entre lo verdadero y lo falso.»
23. *Ibid., op. cit.,* tomo I, p. 489: «Para mí, la acción política es un movimiento defensivo de la inteligencia, oponiéndose al dominio del error».
24. En este sentido está su elogio del político buen escritor (*vid.* Notas 14 y 16) y su creencia en el poder de la expresión literaria, que se evidencia en el lema o subtítulo que colocó en la cabecera de su revista literaria *La Pluma:* «La pluma es la que asegura castillos, corona reyes y la que sustenta leyes». Quizá la mejor representación de este talante se refleja en unos párrafos de sus *Memorias* correspondientes al día 31-V-1937 (*Obras Completas,* tomo IV, pp. 606 y 607): En medio de sus reflexiones sobre impor-

el rasgo más definitorio de la figura de Azaña es el de su liberalismo radical.

3. El liberalismo radical de Azaña

Sus antecedentes, su formación, su pertenencia a la clase media le inclinaban, sin duda, hacia el liberalismo,[25] que en su época era ya sinónimo de política civilizada y había perdido su sentido unívoco. Se podía ser liberal de muchas maneras; Azaña elige el radicalismo, la izquierda, como signo de avance, progreso, ataque audaz a los problemas.[26] En fin, su liberalismo es revolucionario. La actitud política de Azaña no se encaminará, en consecuencia, hacia la simple reforma, sino hacia la total transformación de las instituciones.

Como ya se ha dicho antes, hubo un Azaña reformista anterior a septiembre de 1923; conviene por ello desentrañar la significación de su ruptura con el reformismo, ya que, además de constituir una cuestión esencial para la comprensión de su pensamiento político, supone un cambio que tendrá indudable trascendencia para la historia de nuestro país.

tantes cuestiones políticas se detiene a criticar el estilo –malo a su juicio– literario de Zugazagoitia, y se extiende sobre ese tema, la estilística literaria, pasando después, sin solución de continuidad, a su preocupación política.

25. Téngase en cuenta, además, su conocimiento de las doctrinas liberales y su admiración por las mismas, como se desprende de toda su obra y como también es afirmado por Cipriano de Rivas-Xerif (*op. cit.*. pp. 58 a 65). Incluso se encuentra, aunque sin confesarlo explícitamente Azaña, en todas sus afirmaciones sobre la libertad, y en concreto sobre la libertad de opinión, una gran influencia del pensamiento de John Stuart Mili, quizás a través de su obra *On liberty,* ya traducida por aquellos años al español, de amplia circulación entre los estudiosos y estudiantes de entonces. Recuérdese que don Fernando de los Ríos la exigía, como libro de utilización obligatoria, a sus alumnos de doctorado en la Facultad de Derecho.

26. *Ibid.,* tomo II, p. 914 (Discurso en el Coliseo Pardiñas de Madrid, el 11-11-1934).

La pretensión de modificar la sociedad española, que se registra desde los primeros escritos de Azaña, es una idea que comparte con las «élites reformistas» de su época y de las anteriores; en línea, pues, con la corriente renovadora que arranca de muchos años antes, que marca sus huellas en la Ilustración, en los liberales de Cádiz, en los revolucionarios del 68, en la Institución Libre de Enseñanza, y que se califica por el intento de racionalizar, a fin de cuentas de europeizar, a España. Esta corriente impregna a la mayor parte de los miembros de la generación de Ortega y Azaña. El ascendiente de la Institución Libre sobre la generación de 1914 es bien sabido, pero sobre Azaña en particular es patente, como él mismo se encargó de afirmar en varias ocasiones.[27] Por eso no se considera el primer portavoz de ideas nuevas para reformar al país, sino el heredero de una tradición liberal española, minoritaria pero continuada a lo largo de nuestra historia:

> Yo hablo de la tradición humanitaria y liberal española, porque esta tradición existe, aunque os la hayan querido ocultar desde niños maliciosamente. España no ha sido siempre un país inquisitorial, ni un país intolerante, ni un país fanatizado, ni un país atraillado a una locura, locura que algunas veces pudo parecer sublime. No ha sido siempre así, señores, y a lo largo de toda la historia de la España oficial, a lo largo de toda la historia de la España imperial, a lo largo del cortejo de dalmáticas y de armaduras y de estandartes, que todavía se os-

---

27. *Ibid.*, tomo II, p. 639 (Discurso en el Frontón Central, de Madrid, el 14-III-1933), tomo III, pp. 815 y 816 (*Diario*, 19-11-1915, anotaciones sobre la muerte de don Francisco Giner de los Ríos).

tentan en los emblemas oficiales de España, a lo largo de toda esa teoría de triunfos o de derrotas, de opresiones o de victorias, de persecuciones o de evasiones del suelo nacional, paralelo a todo eso ha habido siempre durante siglos en España un arroyuelo murmurante de gentes descontentas, del cual arroyuelo nosotros venimos y nos hemos convertido en ancho río.[28]

Ahora bien, el reformismo de Azaña anterior a la Dictadura se diferencia un tanto del postulado por los institucionistas y, desde luego, sin lugar a dudas, por los regeneracionistas: hay en él una defensa a ultranza de los valores liberal-democráticos que no se encuentra con el mismo grado de firmeza en las otras élites reformadoras. Para Azaña únicamente es admisible la forma de Estado de la democracia, y no caben reformas bajo regímenes que, argumentando con la eficacia, supongan realmente un ataque a la libertad. Fuera de este punto, en el resto de sus pretensiones coincide básicamente, en esa época, con las demás corrientes reformadoras (educación como medio de modernización, negación de un cambio violento de las instituciones, «europeización» por la vía de la evolución). Es muy significativo a este respecto el artículo de Azaña sobre Costa publicado en *La Pluma* en marzo de 1921, donde pueden leerse unos párrafos que reflejan con claridad cuanto acaba de decirse:

La fútil superficialidad de ciertos «remedios» quizá viene también de la ansiedad que no admite espera: re-

---

28. *Ibid.*, tomo II, pp. 693 y 694 (Charla en la sociedad «El Sitio», de Bübao, 9-IV-1933).

sulta que España ha de salvarse por obra del Estado (unas Cortes, unos jueces), el cual necesitará salvarse primero a sí propio mediante un esfuerzo cuyos móviles y trámites no se ven muy claros... El fin de toda acción pública, de toda política, es elevar ilimitadamente la dignidad de cada individuo... En el orden político, ese liberalismo se realiza mejor que nada por la democracia... Pero hay otra [rectificación de Araquistain a Costa] quizá más profunda; consiste en fiar menos en una revolución constitucional y política que en la transformación moral del individuo, en nuestro caso, del español... Yo no estoy lejos de compartir la opinión de Araquistain.[29]

En cambio, después de producirse el golpe de Estado de Primo de Rivera, a los dos años y siete meses del anterior artículo, publica otro, el 20-X y 22-XII-1923, en la misma revista, en el cual, volviendo al tema de antes (Costa), su actitud ha cambiado en extremo; ya no hay dudas sino rotundidad, ya no cree en la reforma de la sociedad anterior a la de las instituciones estatales sino en todo lo contrario:

La «revolución desde arriba»... no significa, por sí misma, nada. Depende de quien sea el que esté arriba, y también de los caminos por donde haya llegado. Ateniéndonos al sentido costista, esa revolución significa que el Estado funcione bien; pero da por resuelto el problema

29. *Ibid.*, tomo I, pp. 443 y 444. Obsérvese que Azaña está más cerca de los institucionistas que de los regeneracionistas. Además, rechaza al «cirujano de hierro» de Costa, ya que, para él, sólo es concebible un Estado con «unas Cortes», «unos jueces». Puede verse el artículo de Raúl Morodo, «Joaquín Costa y Manuel Azaña» en la revista *Ibérica*. Nueva York, 15-VII-1971.

del Estado; más aún: acepta el Estado en su forma actual, en el momento de inaugurarse la revolución. Es muy poco revolucionario... Costa se persuade que los españoles tienen hambre, que no saben leer y escribir: déseles pan, ábranse escuelas... Riéguese la tierra, repuéblense los montes... Mas ¿quién ha de costear el pan y las obras? ¿Quién regentará la escuela? ¿De quién será la tierra, esté seca o regada?[30]

Queda claro, pues, que primero habrá de obtenerse el poder, reformarlo y, después, mediante ese poder modernizado reformar al país. He aquí la ruptura de Azaña con el liberalismo anterior, con el reformismo histórico; frente a ellos, políticos del mal menor y el pacto, sostendrá la necesidad de una actitud radical, de un cambio audazmente revolucionario. Desde ese momento (la Dictadura) su liberalismo será «intransigente», como muy bien ha expresado Marichal[31] (aunque dicho autor no señale la transformación sufrida por Azaña desde el reformismo a la revolución): «Azaña siente (sin decirlo explícitamente) que las "finalidades" liberales excluyen forzosamente el empleo de los "medios" usuales en la política española (o de otros países). Para Azaña la tragedia del liberalismo español, desde sus principios en el siglo XIX, pero sobre todo desde 1854, ha sido su tendencia a la transacción y al compromiso... El deber de los verdaderos liberales es, pues, muy claro: lo que él llama intransigencia».

30. *Ibid.*, tomo I, pp. 558 y 559.
31. MARICHAL, Juan, *op. cit.*, p. 138.

Habrá que restaurar en su pureza las doctrinas y acorazarse contra la transigencia. La intransigencia será el síntoma de la honradez.[32]

Con ello Azaña no está propugnando la intolerancia, sino más bien la intransigencia de los tolerantes frente a los intolerantes, ya que para él la verdad, la razón política, es la doctrina que descansa en la libertad:

Antes de todo en la vida, incluso antes que el régimen político, es la libertad de juicio y de independencia de espíritu.[33]

Resulta obligado plantearse las posibles causas del cambio de actitud política producido en Azaña. Ya había comprobado por sí mismo, en sus fracasados intentos para obtener un acta de diputado por Puente del Arzobispo, que la estructura política existente cerraba el paso incluso a los más modestos intentos de cambios y a los hombres nuevos. Desde julio de 1923 critica en la revista *España* el libro justificatorio del general Berenguer, poniendo en cuestión no sólo las dotes militares de éste sino también la posible implicación del monarca en la guerra de Marruecos. Si a todo esto se une que en el Azaña anterior a la Dictadura existen unos principios políticos irrenunciables, entre los que se encuentra la forma

---

32. AZAÑA DÍAZ, Manuel, *Obras Completas,* tomo I, p. 484 (artículo en la revista *España* el 29-XII-1923). Obsérvese como esta declaración de «intransigencia» liberal es inmediatamente posterior al golpe de Estado de Primo de Rivera. Por eso, si bien estamos de acuerdo con Marichal en calificar a Azaña de liberal intransigente, nos parece obligado señalar que la «intransigencia» es posterior a septiembre de 1923, nunca anterior.
33. *Ibid.,* tomo III, p. 292 (Discurso en el Campo de Comillas, Madrid, 20-X-1935).

liberal-democrática de Estado, se comprende que el golpe de Primo de Rivera le halle predispuesto para su ruptura con el reformismo o, mejor dicho, sea ese hecho el que cristalizará un cambio que venía incubándose tiempo atrás. Su reacción es inmediata y ni siquiera espera a ver los primeros resultados de la Dictadura; para él, aceptarla o rechazarla no es cuestión pragmática sino de principios, y a los suyos liberales repugna, por inadmisible, esa forma de gobierno.[34] Parece lógico, en consecuencia, que no le costase mucho optar por la República, institución ante la que, al fin y al cabo, se inclinaba naturalmente su racional modo de entender la política.

Azaña ha pasado, pues, del reformismo a la revolución. Conviene por ello matizar la expresión de Tuñón de Lara[35] cuando opina que el pensamiento de Azaña nunca es revolucionario. Tuñón parece estar pensando en un tipo de revolución popular, en una revolución social o, posiblemente, en una revolución socialista; en ese sentido está claro que Azaña no fue ni se sintió nunca revolucionario. Ahora bien, el término «revolución» tiene otros posibles sentidos, perfectamen-

34. Su repulsa a la Dictadura se manifiesta automáticamente: publica en francés, en la revista *Europe,* un fuerte artículo contra la misma, que luego recogió la revista *Nosotros* de La Plata, en enero de 1924 (*Obras Completas,* tomo I, pp. 541 a 554). «La Dictadura supone, en primer lugar, el secuestro de la democracia; después, la abolición de todos los órganos legítimos del Estado, y luego la expulsión de todas las responsabilidades, la eliminación de todas las responsabilidades de Gobierno» (*Ibid.,* tomo II, p. 351, sesión de Cortes del 19-VII-1932). Pero es que, además de ello, lo peor de la Dictadura, para Azaña, es que constituía una ofensa a la razón: «Lo más abominable de la Dictadura, prescindiendo ya, que es prescindir, del choque del ideal político y de la libertad política contra la tiranía; lo más abominable de la Dictadura, al menos para mí, es que constituía una ofensa permanente al entendimiento, que tiene también su pudor y que no puede resistir que con descaro e insolencia se le afrente» (*Ibid.,* tomo II, p. 255, Sesión de Cortes del 27-V-1932).
35. TUÑÓN DE LARA, Manuel, *Medio siglo de cultura española (1885-1936),* Ed. Tecnos, Madrid, 1970, p. 269.

te correctos, y cuando Azaña lo utiliza se refiere a la revolución de la libertad, a la revolución liberal-democrática. Veamos:

El espíritu revolucionario es la más alta forma del civismo, elevado a instrumento de una obra de valor universal.[36]

La importancia de esta primera asamblea del pueblo, de estas Cortes espontáneas de la revolución popular, consiste, ante todo, en que desde aquí notificamos a los que detentan los poderes públicos el fallo irrevocable de la voluntad de los españoles. Se reduce a esto: no más tiranos, no más despotismo; a todo trance, queremos libertad.[37]

Se ha criticado a Azaña diciendo que una revolución sólo por la libertad es algo difícilmente imaginable en la España de 1931, por lo que cabría achacarle que se moviese por ideas válidas en 1789 pero imposibles en su época, cuando la clase trabajadora estaba organizada y poseía una fuerza y unas aspiraciones inexistentes un siglo antes. Esta crítica (que tuvo su más destacado exponente en Araquistain) parece demasiado simple y quizá provenga del error dogmático que ignora lo evidente, pues cambios revolucionarios fueron los de Weimar, los de México y los que resultaron del fraccionamiento del imperio austro-húngaro.

El pensamiento político de Azaña es revolucionario en cuanto se siente abocado a operar una transformación en lo

36. AZAÑA DÍAZ, Manuel, *Obras Completas,* tomo II, p. 21 (Discurso en el banquete ofrecido por Acción Republicana a sus candidatos a diputados el 17-VI-1931).
37. *Ibid.,* tomo II, p. 13 (Alocución en el mitin republicano en la plaza de toros de Madrid el 29-XJ-1930).

existente, con finalidades liberales, claro está, pero de corte más amplio que el de la revolución burguesa; Azaña deseaba un cambio en el sistema político que cabe encuadrarlo mejor en lo que por la sociología política se denomina hoy como proceso de «modernización».[38]

4. La reforma desde el poder: el Estado «educador»

Propio del liberalismo radical, jacobino, es la fe en el Estado como organización racional, frente al liberalismo manchesteriano del *laissez faire,* que ve en la sociedad y no en el Estado el reino de la razón. Para Azaña el Estado es, al menos en potencia, cuando no está en manos de incapaces o de egoístas, la objetivación de la razón política; de ahí la importancia que le otorga como pieza vertebral de su pensamiento político:

> El Estado, que es la concepción más alta del espíritu humano en el orden político, es nuestro guía y nuestro rector y la entidad moral delante de la cual tenemos que ir a ofrendar nuestro trabajo los que no tenemos ni queremos tener otras entidades delante de las cuales sacrificarnos y rendirnos.[39]

La valoración del Estado como única entidad a través de la cual cabe ejercitar dignamente la acción política hará que

38. ARAGÓN REYES, Manuel, «Manuel Azaña: un intento de modernización política», n.º 2 de la revista *Sistema,* Madrid, mayo de 1973.
39. AZAÑA DÍAZ, Manuel, *Obras Completas,* tomo II, p. 471 (Discurso en Valladolid el 14-XI-1932).

Azaña se considere un estadista, más que un político. En su pensamiento, el sistema político se contrae casi exclusivamente al aparato estatal.[40] Esta visión estatal de la política es congruente, una vez más, con su liberalismo, que no es un liberalismo a lo Spencer, que ve en la política una lucha de «el individuo contra el Estado», sino, como ya se ha dicho, un liberalismo jacobino, que ve en el Estado el instrumento por antonomasia para la realización de la libertad.[41] Ésta es la causa de su platonismo político y de su creencia, idealista, en el poder revolucionario del Derecho:

> Una transformación del Estado y de una sociedad que valga la pena de ser intentada y cumplida se realiza siempre desde el poder.[42]
> Yo tengo una gran confianza en el poder público, como instrumento de acción. El poder del Estado es una fuerza creadora, si se sabe hacer uso de ella con inteligencia.[43]

Pero requisito indispensable para la reforma desde el Estado es la previa organización racional de ese Estado. No vale cualquier Estado, diría Azaña, como antes se vio, criticando a Costa: sólo un Estado ya «reformado» es capaz de

40. Cuestión perfectamente definida a lo largo de toda su obra. Quizá, por su rotundidad, puede resaltarse el siguiente párrafo: «Nosotros los castellanos, lo vemos todo en el Estado y donde se nos acaba el Estado se nos acaba todo». *Ibíd.*, tomo II, p. 284 (Discurso en las Cortes, el 27-V-1932).
41. *Ibíd.*, tomo II, pp. 471 y 472 (Discurso en Valladolid, el 14-XI-1932).
42. *Ibíd.*, tomo III, p. 253 (Discurso en el Campo de Lasesarre, Baracaldo, 14-VII-1935).
43. *Ibíd.*, tomo II, p. 38 (Discurso en la sesión de clausura de la asamblea nacional de Acción Republicana, 14-IX-1931).

«reformar» después a la sociedad. Ante todo, pues, el aparato estatal debe organizarse conforme a unos caracteres que, en Azaña, coinciden exactamente con los caracteres propios de la «modernidad»: *despersonalización o abstracción del poder,* que Azaña considera requisito básico de un Estado moderno, y que le sirve de argumento (aparte de otros puramente pragmáticos) en su apelación a la República como forma racional de gobierno;[44] *secularización del poder,* ya que un Estado moderno necesariamente tiene que ser, también, un Estado laico;[45] *separación de poderes y diversificación de competencias,* lo que intentó Azaña con su defensa de la estricta incompatibilidad entre los cargos parlamentarios y los de la administración,[46] con sus reformas militares, que, entre otros fines, pretendían una separación entre política y milicia,[47] con sus deseos de «clarificar» la política mediante la institución parlamentaria,[48] con la distinción, tan reiterada a lo largo de sus escritos y discursos, entre estadistas y políticos y entre técnica y política.[49]

44. *Ibid.,* tomo II, pp. 357 y 471 (Discurso en Valladolid, 14-XI-1932).
45. El auténtico problema religioso, dirá, es puramente individual, puesto que tiene su asiento en la conciencia personal; en cambio, el poder político, por ser impersonal, no tiene conciencia ni finalidad trascendente; el Estado, en consecuencia, no puede asumir una determinada religión, y como institución abstracta y, por lo mismo, neutral, no debe favorecer en especial a ninguna; de ahí la necesaria separación entre Iglesia y Estado. *Ibid.,* tomo II, pp. 26 y 27 (Discurso en el banquete ofrecido por Acción Republicana a sus candidatos a diputados el 17-VII-1931) y p. 51 (Sesión de Cortes del 13-X-1931).
46. *Ibid.,* tomo II, p. 448 (Sesión de Cortes del 4-X-1932).
47. *Ibid.,* tomo I, p. 299 (Estudios de política militar francesa, 1919); tomo II, pp. 935 y 936 (Discurso en el Coliseo Pardiñas, de Madrid, el 11-11-1934).
48. *Ibid.,* tomo II, p. 197 (Sesión de Cortes del 9-III-1932), y p. 704 (Sesión de Cortes del 25-IV-1933).
49. Existe en Azaña la constante inclinación a diferenciar al hombre de gobierno del político, cualificando al primero por sus altas miras (nacionales), la seriedad de su actuación y la «racionalidad» de sus métodos, mientras que asimila el segundo a la

El Estado racionalmente organizado es un Estado eficaz, pero no tecnocrático. Azaña niega que puedan invocarse el desarrollo económico o el tecnicismo como supuestos de legitimación del poder o como justificación de la acción del gobierno:

> La Dictadura se apunta como un suceso el haber empedrado unas carreteras; pero aunque hubiese dejado toda la Península flamante y remozada, su culpa no sería menor.[50]
>
> Régimen [la dictadura de Primo de Rivera], en fin, que invocaba a cada paso el tecnicismo, y como si eso pudiera estar nunca por encima de la moral.[51]

En Azaña hay incluso una prevención (propia del intelectual) hacia los técnicos:

«intriga», los «intereses de partido» o los «pasillos parlamentarios», en sentido que raya, frecuentemente, en lo peyorativo. Esta forma de pensar se registra, coherentemente, a lo largo de su obra: tomo I, pp. 313 y 349, tomo II, pp. 39, 124, 152 y 153, 226 y 227, 308, 336 y 337, 348, 388, 433, 724, 873, 876, 884, 911, 918, 944, 987; tomo III, pp. 7, 15, 596, 892; tomo IV, pp. 104, 107, 225, 280, 353, 473, 529, 554, 729. Con el fin de evitar una excesiva amplitud en esta nota no se detallan las producciones concretas de Azaña que corresponden a cada una de las páginas enumeradas. Para Azaña la necesaria diferenciación de competencias hace que técnica y política sean dos sectores separados. Ahora bien, esa separación no deja en libertad a la técnica respecto a la política sino en subordinación. Veamos algunos párrafos muy claros, sobre el particular: «Yo tengo la idea, quizás atrevida para algunos, de que la técnica, en todos sus órdenes y manifestaciones, tiene una posición subordinada con respecto a la política» (*op. cit.,* tomo II, p. 409, Sesión de Cortes del 7-IX-1932). «Yo no hablo... como un técnico porque no lo soy..., yo soy un político y tengo la pretensión, que ya he puesto en práctica otras veces, de que se subordine a nuestra política la técnica y sirva las definiciones y los propósitos y las creaciones de nuestra política» (*op. cit.,* tomo III, p. 288. Discurso en el Campo de Comillas, de Madrid, el 20-X-1935).

50. AZAÑA DÍAZ, Manuel, *op. cit.,* tomo II, p. 9 (Alocución en el banquete republicano del 11-II-1930).

51. *Ibid.,* tomo II, p. 14 (Alocución en el mitin republicano de la plaza de toros de Madrid, el 29-IX-1930).

Cuéntase que Carlos III defendió durante sus últimos años la vida de un árbol del camino de El Pardo. Y el rey le decía: «cuando yo muera, ¿quién te salvará, pobre arbolito?». Aquel rey... ya presentía el advenimiento del técnico desalmado que esgrime su suficiencia contra la amenidad y la fantasía.[52]

La racionalidad del Estado no es sólo un requisito de su eficacia sino también un postulado de la concepción moral que limita el poder en beneficio de los derechos y libertades de los ciudadanos:

> El Estado no puede pensarse más que en función del Derecho, el derecho del hombre, del hombre libre, encaminado y organizado el Estado para la defensa de la individualidad moral de cada ciudadano.[53]

Un Estado así organizado no se sustenta en una ideología particular, en unos intereses de clase o partido, sino en una razón universal, por lo que la doctrina le asigna el calificativo de «neutral». Azaña utiliza la legitimación ética del poder propia del liberalismo, que no se pretende ideología sino que defiende la validez humana, general, de sus postulados. Por encima de la pertenencia a un determinado «status» social o de la asunción de unas determinadas ideas, el hombre es ciudadano. El Estado constitucional, garantía de las libertades públicas, es el Estado de toda la nación, no de una clase; su

---

52. *Ibid.*, tomo I, p. 815 (Pequeño ensayo literario, con el título de *Madrid*, 1920-1922).
53. *Ibid.*, tomo III, p. 265 (Discurso en el Campo de Lasesarre, Baracaldo, 14-VII-1935).

fin es servir a los valores universales, no a los de un grupo. Azaña se opone, pues, al Estado confesional, como se opone al Estado de clase (Estado marxista) o al Estado de una determinada ideología (Estado fascista). Por descontado, su fe en el Estado hará que se oponga también, rotundamente, a las doctrinas anarquistas.

Ahora bien, la pretendida «neutralidad» no significa en el pensamiento de Azaña atribuir al Estado el mero papel de arbitro, sino todo lo contrario; ya hemos visto su planteamiento jacobino: el Estado es un «agente motor y creador..., impulsor..., director..., orientador».[54] No son términos antagónicos, para él, los de Estado neutral y Estado reformador; lo que ocurre es que las reformas han de efectuarse no en beneficio de un grupo sino de la nación entera. Pero ¿qué tipo de reforma ha de realizarse desde el poder?: lo que Azaña llama «la obra civilizadora del Estado». La primera finalidad estatal, la más urgente para la necesaria modernización de la sociedad española consiste, para él, en el desarrollo de la civilización. Civilización que no es precisamente adelanto económico, dirá, sino cultural. Y aquí debemos señalar algo que es sintomático en Azaña: su descuido de la economía. Descuido reprochable pero también comprensible a través de dos argumentos: para su Estado «neutral» no hay pobres ni ricos, únicamente ciudadanos; su visión cultural de la política desdeña en cierto modo a la economía considerándola solamente como un medio, una técnica subordinada a aquélla; la política, por ser una función de la inteligencia, de contenido teleológico y valorativo, es, por lo mismo, superior a la economía. Así dirá:

54. *Ibid.*, tomo II, p. 917 (Discurso en el Coliseo Pardiñas, de Madrid, el 11-II-1934).

Me niego terminantemente a poner esas fronteras políticas por la misma línea que las fronteras económicas.[55]

La libertad de la nación era más valiosa que su bienestar... Nadie sostiene guerras civiles ni afronta las penalidades innúmeras de la persecución al grito de «¡pantanos o muerte!».[56]

En mí predomina la política sobre la economía y los puntos de vista morales sobre los datos de la estadística.[57]

Para Azaña es la cultura (y no la economía) el motor de la historia, el máximo poder conformador de un pueblo. De cara al pasado, los males de la patria son la consecuencia de la pobreza y discontinuidad de su cultura.[58] Refiriéndose al pueblo español dice:

No escarmienta, no aprende nunca nada. Aunque es viejo, y curtido por el infortunio, la discontinuidad de su cultura, que se presenta esporádicamente en grupos aislados, hace de él un pueblo sin experiencia. Deshabituado del esfuerzo propio, es un pueblo mesianista.[59]

A este planteamiento obedecen los argumentos que utilizó en las Cortes para emitir su célebre frase «España ha

55. *Ibid.*, tomo II, p. 917 (Discurso en el Coliseo Pardiñas, de Madrid, el 11-II-1934).
56. *Ibid.*, tomo I, p. 559 (artículo en la revista *España*, el 20-X-1923).
57. *Ibid.*, tomo II, p. 879 (Discurso en la Asamblea de Acción Republicana, el 16-X-1933).
58. Debe hacerse notar la significación restringida que el término «cultura» tiene para Azaña (como es frecuente en los intelectuales), puesto que lo limita al conjunto de creación deliberada, identificando, pues, cultura con labor intelectual.
59. AZAÑA DÍAZ, Manuel, *op. cit.*, tomo I, p. 551 (artículo en la revista *Nosotros,* de La Plata, enero-abril, 1924).

dejado de ser católica»,[60] ya que si la cultura se había separado del catolicismo, el ser nacional también, pues ser nacional y cultura son la misma cosa.

De cara al futuro, la única finalidad de la República es convertirse en un instrumento de civilización para España;[61] civilización que, ya se dijo, no es entendida por Azaña como desarrollo económico o técnico, sino más bien como desarrollo cultural.[62] Para ejemplo nos basta la siguiente frase:

> No todo progreso consiste en hacer máquinas. Lo primero que hay que hacer es espíritu.[63]

Esta concepción cultural de las reformas estatales lleva consigo una indudable consecuencia política: desde el punto de vista de los fines, a un Estado así no podemos denominarlo como «intervencionista» (término que comporta una clara connotación económica eludida por Azaña) sino como «educador». La finalidad educadora del Estado puede explicarse no sólo por el talante culturalista de Azaña sino por su concepto neutral del Estado, el cual, por carecer de intereses sectoríales, constituye la única institución capaz de llevar a cabo una tarea educadora basada en valores universales y no de grupo. Esta misión del Estado está expuesta en su obra con suficiente claridad:

60. *Ibid.*, tomo II, p. 51 (Sesión de Cortes del 13-X-1931).
61. *Ibid.*, tomo III, pp. 435 y 442 (*La velada en Benicarló*, 1937).
62. *Ibid.*, tomo II, pp. 937 y 938 (Discurso en el Coliseo Pardiñas, de Madrid, el 11-11-1934).
63. *Ibid.*, tomo II, p. 897 (Discurso en el frontón Euskalduna, Bilbao, 16-XI-1933).

La República tiene que ser una escuela de civilidad moral y de abnegación pública, es decir, de civismo.[64]

Será constante, a lo largo de toda su vida, ese designio de lograr el desarrollo cultural de nuestro país a través del Estado. Así, ya en 1918, decía:

En el curso de nuestro diálogo lamenté que en esta España fuera la vida áspera, fría como el granito, y de iguales impenetrabilidad y dureza. Disolver este ambiente, cambiarlo por otro más conforme a nuestra sensibilidad, parecíame el único móvil personal admisible para ingerirse en los asuntos públicos. Díjele que era urgente proveer a cada español del mayor número de motivos serios de contento, y que no habiendo existido en España una revolución, ni menos una vida revolucionaria, habrían de buscarse los medios de ampliar la libertad y de asegurar el predominio de la inteligencia en contra de las entidades morales de nombre sonoro, ya históricas, ya recién inventadas, que pesan sobre nosotros como losas de plomo.[65]

En 1931 sigue invariable su pensamiento en esta cuestión: el destino de España no debe ser ni imperial ni guerrero, sino hacerse un nombre en la historia de la cultura universal.[66] En 1934 declara que el interés nacional, por encima de clase o

64. *Ibid.*, tomo II, p. 471 (Discurso en Valladolid, el 14-XJ-1932).
65. *Ibid.*, tomo I, p. 261 (*Estudios de política francesa,* prólogo, octubre 1918). Por cierto, el término «ingerirse» aparece así escrito (con *y* y no con *j)* en la publicación original de 1918 de los «Estudios de política francesa». Edit. Saturnino Calleja, S. A. p. 11.
66. *Ibid.*, tomo II, p. 26 (Discurso en el banquete ofrecido por Acción Republicana a sus candidatos a diputados, 17-VII-1931).

partido, hacia el cual debe encaminarse el Estado, es la civilización.[67]

El designio educador, la polarización de las finalidades del Estado hacia la cultura, están, al fin y al cabo, en consonancia con su concepto de modernización social. Lo que nos separa de los países más civilizados, piensa Azaña (con su habitual olvido de lo económico), es la insuficiencia de nuestra cultura; de ahí que:

> En el caso de España, son aceptables los caminos que conduzcan a establecer la equivalencia entre lo español y lo humano: que lo específico nacional no sea una minoración de valores universales o un estorbo para percibirlos.[68]
>
> No podemos admitir que haya una oposición entre lo humano y lo español, y nada me ha sonrojado y acongojado más que el ver tratado a mi país como una colonia indigna de arribar a los órdenes superiores de la cultura política.[69]

El fracaso de la República y el drama de la guerra civil van a constituir una amarga desilusión para los designios civilizadores del pensamiento político de Azaña. Y el triste contraste entre sus «racionales» esperanzas anteriores y la trágica «realidad» del presente se plasmará en unos estremecedores párrafos de su última, y acaso más importante, producción intelectual: *La velada en Benicarló:*

67. *Ibid.,* tomo II, p. 941 (Discurso en el Coliseo Pardiñas, de Madrid, el 11-11-1934).
68. *Ibid.,* tomo I, p. 443 (Artículo en *La Pluma,* marzo, 1921).
69. *Ibid.,* tomo II, p. 21 (Discurso en el banquete ofrecido por Acción Republicana a sus candidatos a diputados, 17-VII-1931).

Si la República no había venido a adelantar la civilización en España ¿para qué la queríamos?[70]

Esperaba y deseaba la República como instrumento de civilización en España, no por arrebato místico. Con todo: si el año 30 o 31, en los preliminares de la República, su advenimiento hubiese dependido de mí, a condición de sumergir a España en una guerra espantosa, me habría resignado a no ver la República en toda mi vida.[71]

5. La guerra civil y la velada en Benicarló

La guerra civil supone para Azaña, como acaba de verse, una verdadera tragedia. Sus temores respecto a la inestabilidad de la República, patentes desde 1935,[72] se convierten en el presentimiento de un negro futuro con las elecciones de febrero de 1936.[73] Desde el primer momento comprende que la República perderá la guerra,[74] y desde el primer momento también desea la paz;[75] no sólo porque intuyera la victoria final del bando insurgente sino, sobre todo, porque la matan-

---

70. *Ibid.*, tomo III, p. 435 (*La velada en Benicarló,* 1937).
71. *Ibid.*, tomo III, p. 442 (*La velada en Benicarló,* 1937).
72. *Ibid.*, tomo III, p. 292 (Discurso en el Campo de Comillas, Madrid, 20-X-1935). También lo afirma así Cipriano de RIVAS-XERIF, *op. cit.*, pp. 210-211.
73. *Ibid.*, tomo IV, p. 564 (*Memorias,* 19-11-1936). También OSSORIO Y GALLARDO, Ángel, *Mis memorias,* Buenos Aires, 1946, p. 215, y RIVAS-XERIF, Cipriano, *op. cit.*, p. 237.
74. *Ibid.*, tomo III, p. 556 (Carta a Esteban Salazar Chapela, 24-VIII-1939): «Desde septiembre del 36, es decir, desde que empezó a funcionar la no-intervención en la forma que sabemos, juzgué que no podíamos ganar. Lo sensato era no perderlo todo, cotizando lo que política y militarmente valía la República, mientras valía algo. No se me escuchó. La operación de salvamento era difícil, pero valía la pena intentarla».
75. *Ibid.*, tomo III, pp. 341, 365, 378, 556 y tomo IV, pp. 588, 620, 621, 625, 626, 642, 698, 735, 757, 843, 851, 877, 888, etc.

za entre españoles constituye para él algo insoportable. Azaña, a quien tan insidiosamente se le había acusado por sus enemigos políticos de cruel, y pintado por algunos sectores de la derecha como hombre sin sentimientos, era realmente todo lo contrario. Su extrema sensibilidad repelía la violencia; su gran humanidad no soportaba el odio, la devastación o el asesinato. En los meses que preceden a la guerra no se cansa de predicar una y otra vez la concordia, de prevenir contra la violencia:

> Hay que acudir con una obra desde el Gobierno, subsanando las vías usuales en España de gobernar y haciendo saber a todos que hay un modo honesto, honrado de entender la vida pública, dentro de la cual caben todas las competencias y todas las oposiciones; que hay un respeto a la vida y al derecho de los demás, que nadie está autorizado a traspasar.[76]

> Quisiéramos... que con nuestra obra... contribuyéramos lo suficiente para que se desarraigara de entre nosotros la apelación cotidiana a la violencia física. Ya sé yo que estando arraigada como está en el carácter español la violencia, no se puede proscribir por decreto, pero es conforme a nuestros sentimientos más íntimos el desear que haya sonado la hora en que los españoles dejen de fusilarse los unos a los otros.[77]

Este tema se repite, con verdadera obsesión, a lo largo de la contienda. Sus «memorias» están llenas de apelaciones a

---

76. *Ibid.*, tomo III, p. 304 (Sesión de Cortes del 3-IV-1936).
77. *Ibid.*, tomo III, p. 318 (Sesión de Cortes del 15-IV-1936).

la paz, a la piedad, al perdón entre los hermanos;[78] incluso es un horror físico el que siente ante los heridos, el dolor y la muerte. Esta posición frente a la violencia no la adopta Azaña sólo en aquellos momentos sino que es un sentimiento profundamente arraigado en él desde siempre. Como ejemplo nos basta su concepto de la guerra, expresado en un artículo publicado en *El Imparcial* el 17 de diciembre de 1919:

> La guerra es un mal absoluto sin compensación posible ni mezcla de bien alguno.[79]

La inmensa amargura que le invade ante el desastre de sus designios para España se refleja en sus «memorias» con un párrafo absolutamente revelador:

> Cuando el azar, el destino, o lo que fuere, me llevó a la política activa, he procurado razonar y convencer. Ningún político español de estos tiempos ha razonado y demostrado tanto como yo, parezcan bien mis tesis o parezcan mal. Querer dirigir el país, en la parte que me tocase, con estos dos instrumentos: razones y votos. Se me han opuesto insultos y fusiles. En paz sea dicho. Algunos aduladores e interesados me soplaban al oído, en tiempos de pujanza (por ejemplo: después del diez de agosto), la urgencia y la conveniencia de asumir un poder personal. Lo tomaba a broma. «Bonita manera de trabajar para España: ¡aherrojarla! Si el camino es ése no lo seguiré. Es indigno de mí.» Algunos me han tachado de «ideólogo». No es cierto. No

78. *Vid.* Nota 75.
79. *Ibid.*, tomo I, p. 203 (Artículos en *El Imparcial,* 1919-1920).

se me ha ocurrido escribir la mejor Constitución para Polonia... para mí, los «grandes principios» de cierto orden, no resplandecen en sus enunciados sino en las obras. Estaba dispuesto a trabajar con lo que hubiera, con lo que me dieran, como un artesano... Lo que don Niceto, torcidamente, llamaba mi «audacia». Cuando yo hablaba de paz, de libertad, de independencia del espíritu, etc., etc., no estaba recitando textos librescos, ni mociones de congresos políticos u otros, sino la traducción política de observaciones españolas que tenían expresión plástica inmediata en la vida cotidiana de mi país... [ahora estamos] en guerra... De ahí proviene el drama que estoy viviendo... con más violencia y hondura que nadie.[80]

Bien conocido es su horror, su desesperación, su conflicto de conciencia, que le llevó a pensar, incluso, en presentar la dimisión como Presidente de la República, ante los tristes sucesos de la Cárcel Modelo.[81] Si continúa después como Jefe del Estado es sólo porque cree que puede hacer algo desde ese puesto para conseguir la paz.[82] Sus discursos a la nación durante la guerra serán ampliamente significativos; en ellos solicita concordia una y otra vez como un predicador en solitario. Su amor a los españoles, por encima de la división de la contienda, se plasma, desgarradoramente, en la frase final

80. *Ibid.*, tomo IV, p. 629 (*Memorias*, 17-VI-1937). En este párrafo, importantísimo, Azaña expone los dos principios que sustentan su pensamiento político: consideración racional y democrática de la política y de los medios para llevarla a cabo (razones y votos); y, en consecuencia, oposición rotunda a cualquier tipo de gobierno que no esté de acuerdo con estos principios.
81. *Ibid.*, tomo IV, pp. 625, 626 y 851 (*Memorias*, 17-VI-1937 y 7-XI-1937).
82. *Ibid.*, tomo IV, p. 877 (*Memorias*, 27-IV-1938).

con la que termina su discurso en el Ayuntamiento de Barcelona el 18 de julio de 1938:

> Cuando la antorcha pase a otras manos, a otros hombres, a otras generaciones... si alguna vez sienten que les hierve la sangre iracunda y otra vez el genio español vuelve a enfurecerse con la intolerancia y con el odio y con el apetito de destrucción, que piensen en los muertos y que escuchen su lección: la de esos hombres, que han caído embravecidos en la batalla... y nos envían, con los destellos de su luz, tranquila y remota como la de una estrella, el mensaje de la patria eterna que dice a todos sus hijos: Paz, Piedad y Perdón.[83]

Continuamente buscará, con el escasísimo margen de poder que el Gobierno le deja, la posibilidad de un arreglo internacional, de una paz negociada a través de las grandes potencias, de la Sociedad de Naciones, del Comité de No Intervención. Fracasará en solitario una y otra vez porque nadie le ayuda en su tarea. Es dramático su enfrentamiento constante, sobre esta materia, con Negrín. Dramático y triste, porque Azaña sufre lo indecible con esta situación tan dolorosa para él.

En plena guerra, en su residencia de Barcelona, escribe *La velada en Benicarló*. La obra está montada como un diálogo entre once personas que se encuentran, de modo casual, al pasar la noche en un parador de Benicarló: un diputado a Cortes (Miguel Rivera), un médico y profesor de la Facultad de Medicina de Barcelona (el doctor Lluch), un comandante

---

83. *Ibid.,* tomo III, p. 378.

de infantería (Blanchart), un aviador (Laredo), una artista de teatro (Paquita Vargas), un abogado (Claudio Marón), un escritor (Elíseo Morales), un exministro (Garcés), un capitán (sin nombre), un líder socialista (Pastrana) y un propagandista (Barcala).

Podría intentarse desentrañar la clave de esta obra atribuyendo nombres concretos, reales, a algunos de los personajes de ficción; por ejemplo: Azaña se desdoblaría en Garcés y Morales; Marón sería Ossorio y Gallardo; Pastrana, Prieto; Barcala, Largo Caballero. Creemos que esta cuestión sería imposible de determinar con exactitud, aparte de completamente inservible para la comprensión de la obra. Por un lado, si bien es cierto que Azaña está en Garcés y Morales, por otro también lo es que pone algo de su propio pensamiento en el resto de los personajes. Azaña, creador literario y, además, fuertemente subjetivista, no puede, aunque lo pretenda, desligar de su propio pensar a los personajes que crea. Aparte de ello, aunque Pastrana se asemeja un poco a Prieto y Barcala a Largo Caballero, los personajes de la obra, más que hombres concretos, representan actitudes políticas típicas; así la postura socialista democrática en general (incluidos Besteiro y Fernando de los Ríos) está cuajada en Pastrana, mientras que la vertiente socialista más radical (comunistas incluidos) está en Barcala; hay algo de Negrín en el doctor Lluch, pero también hay algo de Azaña (del Azaña desesperanzado en momentos de crisis en los que, como nos cuenta en el prólogo de *La velada,* su desesperación le llevó a tocar algunas veces el fondo de la nada). En Marón no sólo está Ossorio sino muchos republicanos liberal-conservadores. En los personajes militares quiere dejar constancia de lo que para él representó el Ejército: republicanismo, autoridad, competencia profesional y honradez. Rivera y Paquita Vargas tienen un carácter meramente secundario, que permite al autor hablar de algunos temas, por ejemplo, del papel de la mujer en la República o del menosprecio de los anarquistas hacia los diputados en Cortes.

Por todo ello, lo más acertado parece que es tomarse al pie de la letra lo que el mismo Azaña nos dice en el prólogo: «Sería trabajo inútil querer desenmascarar a los interlocutores, pensando encontrar, debajo de su máscara, rostros populares. Los personajes son inventados. Las opiniones, y, como se dice, el «estado de espíritu» revelado por ellas, rigurosamente auténticas, todavía comprobables, si valiese la pena». Las personas llamadas a dialogar representan, como antes se dijo, «corrientes de opinión» mayoritarias en la España republicana, pero es curioso comprobar cómo Azaña no llama al diálogo a personajes anarquistas, catalanistas o nacionalistas vascos; lo que es congruente, una vez más, con su visión «racionalista»: en el diálogo sólo tienen cabida los que él considera «racionales»; los anarquistas, por su negación del Estado en sí (objetivación de la razón política, para Azaña), y los nacionalistas (catalanes o vascos), por su ataque al Estado español en particular, no son capaces de mantener un diálogo sereno, piensa Azaña. Ellos no hablarán, sobre ellos opinarán los personajes de *La velada*. Parece como si el autor concediera la posibilidad de justificarse, de explicarse, de razonar sobre sus posturas y sus ideas sólo a determinadas corrientes políticas, a las que cabrían dentro de «su» idea de República.

Salta a la vista otra observación importante: Azaña pretende aparecer en Garcés como el político y en Morales como el escritor, y, en realidad, no se aprecian, salvo en contados momentos, diferencias entre ellos, lo que demuestra otra vez más que ambas facetas de su personalidad están inseparablemente unidas. Por otra parte, el mayor espacio de la obra lo ocupan precisamente estos dos personajes; después, en orden a la extensión de sus intervenciones, está Marón; después Pastrana; y Barcala se limita a una pequeñísima intervención en el diálogo.[84] Si esto lo ponemos en relación con las actitudes políticas que dichos personajes representan vemos algo muy significativo: *La velada* es, en gran parte, una exposición de las ideas de Azaña; sumadas las intervenciones de Morales y Garcés ocupan el sesenta por ciento, aproximadamente, del texto, y si unimos a eso que en otros personajes (especialmente en Marón y Pastrana) hay a veces afirmaciones del propio Azaña, resulta que los dos tercios de la obra son un alegato del autor. Al margen de esa exposición personal, concede más espacio o menos al resto de los personajes según las simpatías y el grado de consideración racional que le merecen sus actitudes políticas; por ello Marón ocupa más que Pastrana y éste más que Barcala. Lo mismo ocurre en el modo de exposición de las ideas: la coherencia, la profundidad y la lucidez van de más a menos, desde Morales a Barcala; este último se limita a una mera repetición de «slogans» sin pararse siquiera a fundamentarlos, por lo que le cuadra la denominación de «propagandista» que Azaña le otorga. Como ya se ha dicho, la obra pretende ser un testimonio sobre las ideas políticas y los programas de la zona republicana, y en parte lo consigue (aunque pueda reprochársele la ausencia en ella de algunas corrientes po-

---

84. En la edición de las *Obras Completas,* realizada por Oasis, México, el número de líneas ocupadas por cada uno de estos personajes es el siguiente: Garcés 817, Morales 707, Marón 349, Pastrana 300 y Barcala 93.

líticas importantes, como el anarquismo y los nacionalismos catalán y vasco); de todos modos la labor es meritoria y de enorme e indudable importancia. Azaña escribió *La velada* en la primavera de 1937, cuando más recia era la contienda entre los dos bandos y cuando más fuertes eran también las tensiones dentro del mismo campo republicano. En esas circunstancias, el Jefe del Estado de la República atacada por el levantamiento militar y por los propios extremismos políticos republicanos es capaz de sobrepasar las fronteras de lo personal, del odio, del rencor, del temor, de los tópicos puramente propagandísticos para intentar dar testimonio de las actitudes de los que luchan, lo que consigue con un grado tal de raciocinio y de humanidad que hoy, todavía, nos produce admiración contemplar un intento de objetividad intelectual tan poco común entre los españoles, y no digamos entre los españoles dirigentes.

No obstante, *La velada* es mucho más: es un resumen del pensamiento político de Azaña. Ya se indicó que solamente la extensión ocupada por las intervenciones de Garcés y Morales suma el sesenta por ciento de la obra, pero es que, además, en *La velada* Azaña mantendrá los postulados indeclinables (pese al fracaso de la República) que forman las bases de su concepción moral de la política. A través de la obra se repiten una y otra vez los principios de que parte Azaña en sus actuaciones de gobierno, las ideas que alumbran su actitud intelectual y que hemos desarrollado, muy someramente, en esta introducción: su concepto de la política como algo «razonable», su idea del Estado como motor de la reforma civilizadora, su devoción constante a la libertad, etc. Ante el fracaso, Azaña reflexiona sobre sus liberales principios y la realidad que los niega; pese al choque entre idea y sociedad mantendrá aquélla, porque la sigue considerando como «verdad» moral de carácter universal, que no pierde su vigencia aunque en un momento histórico, en una determinada sociedad (en su caso la española de 1936) fracase eventualmente.

La velada también supone un intento de justificación de Azaña ante el futuro, una explicación de que el fracaso de sus designios de modernización, el fracaso de la República, no podían serle imputados. Hay que decir honradamente que esta explicación no la construye *ex novo*, temeroso de la huella que deje su figura. Azaña no necesitaba escribir *La velada* para legarle a las generaciones posteriores un perfil atractivo de su personalidad política, porque ya había dejado atrás el resto de sus escritos y discursos, de los que esta obra no es más que una absoluta confirmación. Este intento de justificación sólo cabe entenderlo como el deseo de crear una obra (resumen de su pensamiento político pero también testimonio de las circunstancias que le hicieron fracasar) que saliera a la luz de inmediato para informar así más fácilmente a la opinión pública, dada la previsible dificultad en el acceso a sus obras completas.

Azaña localiza la causa del fracaso de sus propósitos modernizadores en la naturaleza apasionada y violenta del carácter español; no culpa de ello a la guerra, a la que considera sólo como una peripecia, aunque atroz, del más profundo y duradero drama español. Mientras desde otras posiciones se ha explicado el fracaso de la República como consecuencia de la revolución comunista, o de la conspiración fascista o, incluso, de la política religiosa de los republicanos que significaba un «ataque a lo sagrado», Azaña acude, fiel a su liberalismo, a unos supuestos genéticos, psicológicos, puramente individualistas (no de clase o grupo) para establecer los motivos de ese fracaso: el carácter español. La validez de esta explicación puede ser juzgada de muchas maneras,[85] pero en cuanto que no es cierta-

---

85. Criticar la obra de Azaña es muy fácil a posteriori. Ahora bien, explicar su fracaso es mucho más difícil. Azaña fue considerado desde la derecha como un furibundo anticlerical, un déspota, un ser absolutamente perverso, a quien no se le perdonaría nunca su política religiosa y sus reformas militares. Veamos lo que decía Nicolás González Ruiz, en su libro *Azaña. Sus ideas políticas. El hombre*, Gráfica Universal, Madrid, 1932: «El Sr. Azaña es un anticlerical. Un anticlerical sin remedio, porque su anticlericalismo no se funda en nada» (p.51), «El señor Azaña en lo religioso: el hombre es incapaz de comprender la religión, principalmente por orgullo; aborrece a la Iglesia; el político la persigue, por encima de la realidad nacional, por encima de la justicia, por encima de la libertad. Y esto ahora y en el porvenir» (pp. 69 y 70), «El señor Azaña es un dictador que le teme al título. Sus ideas, sus procedimientos, sus planes, son los de un gobernante despótico» (p. 154). El general Mola, en sus *Obras Completas*, Librería Santarén, Valladolid, 1940, también se emplea a fondo contra Azaña, a quien acusa de ser el causante de todas las desgracias del país: «Sólo un monstruo, de la compleja constitución psicológica de Azaña, pudo alentar tal catástrofe; monstruo que parece más bien producto de las absurdas experiencias de un nuevo y fantástico doctor Frankenstein que fruto de los amores de una mujer» (p.1178). En el fondo, está latente la reacción contra las reformas militares, como podemos ver en los capítulos II y III de las ya citadas obras completas del general: «Nadie como Azaña hizo más para destruir lo bueno y acrecentar lo malo. En escaso tiempo destrozó el Ejército, dejándolo reducido a una piltrafa».
Desde la izquierda también ha sido atacado, aunque, paradójicamente, acusándole de lo contrario que la derecha. Azaña habría sido, según ésta, un ser utópico, idealista, legalista, demasiado democrático. Es muy conocida la crítica de Araquistain en su artículo «La utopía de Azaña», publicado en *Leviatán*, en septiembre de 1934: «Ése fue el noble error de Azaña, su bella utopía republicana: pensar que era posible construir y regir un Estado que no fuera un Estado de clases, y transformar una nación en que la idea de comunidad en las mejores tradiciones, como en el presente y en la proyección sobre un mismo destino, superase en todos los hechos la lucha de clases y el instinto de guerra social... Una República así, un Estado así, liberal y democrático, jurídico y legalista, tenía que fracasar». Ramos Oliveira, en su obra *Historia de España*, tomo III, México, 1952, pp. 66 y 67, se expresa en parecidos términos: «Es decir, Azaña suprimía la violencia..., se negaba a oponer la coacción de poder, la única fuerza de que disponía la democracia en España, a la coacción económica... Partía del falso supuesto, autorizado por su teoría integralista del Estado, de que la propiedad, la riqueza, no era una categoría política decisiva en una nación partida, como ninguna en Europa, en dos mundos antípodas por la desigualdad social... De ese error histórico arrancaba la utopía de Azaña y del republicanismo español, que estribaba en querer edificar un Estado en conflicto con la sociedad».

mente una explicación que pueda ganar votos o conquistar adhesiones parece difícil que nadie pueda regatearle el mérito de ser, al menos, una explicación honrada. Desde la derrota, Azaña intenta seguir educando, ya que no con el instrumento del Estado, con la exposición de lo que él cree ser la verdad.

Pese a sus humanas limitaciones, a sus errores o a su irremediable subjetivismo, *La velada en Benicarló* puede considerarse como uno de los mejores libros de Azaña, una de las obras más importantes del pensamiento político español de los últimos tiempos, el mejor documento quizá sobre la República y también un inapreciable testimonio sobre nuestra guerra civil. *La velada* cumple así dos importantes objetivos: por un lado, su valor es inmenso para que las generaciones actuales comprendan mejor la guerra y la República, y, por otro, refleja de modo meridiano la real dimensión de Manuel Azaña; el hombre de razón, el liberal insobornable que ni en los momentos más duros de su vida perdió su amor a España y a la libertad; el mismo que en 1938, en un discurso en el Ayuntamiento de Barcelona, pidiendo la paz y elevándose por encima de los frentes de guerra tuvo la valentía y la honradez de pronunciar las siguientes palabras:

Azaña continúa siendo hoy, pese a los años transcurridos, un personaje controvertido, necesitado, pues, de un riguroso estudio, tanto en lo que respecta a su pensamiento como a su actuación política. En este trabajo nos hemos limitado a analizar someramente el pensamiento político de Azaña y a establecer la crítica de ese pensamiento desde sus propios postulados: intelectualismo político, descuido de lo económico, creencia en el poder revolucionario del derecho, platonismo político, etcétera. Esto vale, evidentemente, para «comprender» las fallas de su pensamiento, pero no es suficiente, en modo alguno, para «explicar» las causas del fracaso de su política, que deben verse más bien en otra serie de factores: oposición de los diferentes grupos hostiles, a los que no supo o no pudo captarse, contradicciones entre la constitución legal y la constitución social española de aquel tiempo, entre los fines y los medios de modernización, el contexto internacional, etc. Problemas éstos sobre los que esperamos pronunciarnos en próximos trabajos.

A pesar de todo lo que se hace para destruirla, España subsiste. En mi propósito, y para fines mucho más importantes, España no está dividida en dos zonas delimitadas por la línea de fuego; donde haya un español o un puñado de españoles que se angustian pensando en la salvación del país, ahí hay un ánimo y una voluntad que entran en cuenta. Hablo para todos, incluso para los que no quieren oír lo que se les dice, incluso para los que, por distintos motivos contrapuestos, acá o allá, lo aborrecen. Es un deber estricto hacerlo así, un deber que no me es privativo, ciertamente, pero que domina y subyuga todos mis pensamientos. Añado que no me cuesta ningún esfuerzo cumplirlo; todo lo contrario. Al cabo de dos años, en que todos mis pensamientos políticos, como los vuestros; en que todos mis sentimientos de republicano, como los vuestros, y en que mis ilusiones de patriota, también como las vuestras, se han visto pisoteados y destrozados por una obra atroz, no voy a convertirme en lo que nunca he sido: en un banderizo obtuso, fanático y cerril.[86]

86. *Ibid.*, tomo III, p. 365.

BIBLIOGRAFÍA

AGUADO, Emiliano, *Don Manuel Azaña Díaz,* Edit. Nauta, Madrid, 1972.

ARAGÓN, Manuel, «Manuel Azaña: Un intento de modernización política», Revista *Sistema,* n.º 2, Madrid, mayo 1973, pp. 101 a 114.

ARAGÓN, Manuel, «Posibles bases para la comprensión de la obra política de Azaña», en el libro colectivo *Movimiento obrero, política y literatura en la España contemporánea,* de M. Tuñón de Lara y otros, Cuadernos para el diálogo, Madrid, 1974, pp. 127 a 142.

ARRARAS, Joaquín, *Memorias íntimas de Azaña,* Ediciones Españolas, Madrid, 1939.

AZAÑA DÍAZ, Manuel, *Obras Completas,* Edit. Oasis, México, 1966-1968 (cuatro tomos).

BAZÁN, A., «Perfil y muerte de Azaña», *Atenea,* LXII, México, 1940.

BECARUD, Jean, «Sobre un libro obligado: *Manuel Azaña (Profecías españolas),* de Ernesto Giménez Caballero», Revista *Sistema,* nˢ 6, Madrid, julio 1974, pp. 73 a 87.

CASARES, Francisco, *Azaña y ellos,* Edit. Prieto, Granada, 1938.

DÍAZ ALEJO, R., y AYENSA, R., *Azaña. Su política. El ejército y la guerra,* Madrid, 1935.

DÍAZ DOIN, Guillermo, *El pensamiento político de Azaña,* Buenos Aires, 1943.

DOMENCHINA, Juan José, «Un entendimiento ejemplar: Don Manuel Azaña, escritor y político», Universidad de La Habana, publ. trimestral, n.° 100-103, 1952.

ESPINALT, Caries M., *Estudi de Manuel Azaña,* Rafael Salva, Barcelona, 1971.

GIMÉNEZ CABALLERO, Ernesto, *Manuel Azaña (Profecías españolas),* Edit. Gaceta Literaria, Madrid, 1932.

GÓNGORA ECHENIQUE, Manuel, *Ideario de Manuel Azaña,* Pascual Quiles, Valencia, 1936.

GONZÁLEZ RUIZ, Nicolás, *Azaña. Sus ideas religiosas. Sus ideas políticas. El hombre,* Gráfica Universal, Madrid, 1932.

JACKSON, Gabriel, «The Azaña Regime in Perspective (Spain, 1931-1933)» *The American Historical Review,* LXIV, 1959.

KENT, Victoria, «Azaña en la historia», revista *Ibérica,* n.° 12, vol. 15, Nueva York.

KENT, Victoria, «Azaña, ayer y hoy», revista *Ibérica,* n.° 3, vol. 15, Nueva York.

LONGUET, Jean, «Interviewing Premier Azaña», *The living Age,* febrero, 1933, Boston.

MARICHAL, Juan, *la vocación de Manuel Azaña,* Edicusa, Madrid, 1968.

MOLA, Emilio, *El pasado, Azaña y el porvenir,* Edit. Bergua, Madrid, 1934.

MORODO, Raúl, «Joaquín Costa y Manuel Azaña», revista *Ibérica,* Nueva York, 15-VII-1971.

RAMOS OLIVERA, Antonio, «Azaña y la República española», *Cuadernos Americanos,* noviembre-diciembre 1951, México.

RIVAS-XERIF, Cipriano, *Retrato de un desconocido (Vida de Manuel Azaña),* Edit. Oasis, México, 1961.

ROJAS, Carlos, *Diez figuras ante la guerra civil,* Edit. Nauta, Madrid, 1973.

SEDWICK, Frank, *The Tragedy of Manuel Azaña and the Fate of the Spanish Republic,* Ohio State University Press, Columbia, 1963.

TORYHO, Jacinto, *Después de la tragedia. La traición del señor Azaña,* Ediciones de la Federación Libertaria, Nueva York, 1961.

TUÑÓN DE LARA, Manuel, «Don Manuel Azaña en la historia de la cultura española», revista *Ibérica,* n.° 8-9, vol. 16.

VILLANUEVA, Francisco, *Azaña (El gobierno),* Edit. Moderna, México, 1941.

NOTA PREVIA

La velada en Benicarló ha sido objeto de las siguientes ediciones en español:

La velada en Benicarló, Diálogo sobre la guerra de España, Editorial Losada, S.A., Buenos Aires, 1939.

La velada en Benicarló, Obras Completas de Manuel Azaña, tomo III, pp. 379 a 460, Editorial Oasis, S.A., México, 1967.

Las únicas traducciones de la obra han sido al francés y al italiano:

La Veillée a Benicarló, Gallimard, París, 1938 (traducido por Jean Camp).

La Veglia a Benicarló, Einaudi, Milano, 1967 (prefacio de Leonardo Sciascia. Traducción de Leonardo Sciascia y Salvatore Girgenti).

Ante la desaparición del manuscrito original, la presente edición publicada originalmente en Editorial Castalia, primera que se hizo en España de *La velada en Benicarló,* ha tomado como fuente un ejemplar, corregido al margen por el propio Azaña, del texto publicado por Editorial Losada, S.A. Desde estas páginas queremos agradecer a don Enrique de Rivas, sobrino de don Manuel Azaña, la gentileza que ha tenido al poner dicho ejemplar a nuestra disposición. Igualmente hacemos público también nuestro reconocimiento a doña Dolores de Rivas Cherif, viuda de don Manuel Azaña, propietaria de tan preciado libro.

La edición de Losada, según estas correcciones puestas a mano por el propio autor, contiene 88 erratas. La edición italiana, como se hizo sobre la de Losada, continúa con los mismos errores. La edición de Oasis hace desaparecer la mayor parte de dichas erratas, pero 22 de ellas quedan aún sin corregir, a las que se añaden 7 nuevas que se introducen en esa ocasión. La edición francesa, que debió vigilar Azaña (lo que, por la lejanía, no pudo hacer con la de Losada), no contiene erratas, coincidiendo plenamente con la que ahora publicamos. De todos modos, en notas a pie de página señalaremos una por una todas las diferencias.

En fin, por todo lo expuesto podemos adelantar nuestra satisfacción ante el hecho de que, por primera vez en español, aparece esta obra con el texto que deseó su autor.

LA VELADA EN BENICARLÓ

Diálogo de la guerra de España

Preliminar

Escribí este diálogo en Barcelona, dos semanas antes de la insurrección[1] de mayo de 1937. Los cuatro días de asedio deparados por el suceso, me entretuve en dictar el texto definitivo, sacándolo de borrador. Lo publico (no ha podido ser antes) sin añadirle una sílaba. Si el curso ulterior de la historia corrobora o desmiente los puntos de vista declarados en el diálogo, importa poco. No es el fruto de un arrebato fatídico. No era un[2] vaticinio. Es una demostración. Exhibe agrupadas, en formación polémica, algunas opiniones muy pregonadas durante la guerra española, y otras, difícilmente audibles en el estruendo de la batalla, pero existentes, y con profunda raíz. Sería trabajo inútil querer desenmascarar[3] a los interlocutores, pensando encontrar, debajo de su máscara, rostros populares. Los personajes son inventados. Las opiniones, y como se dice, el «estado de espíritu» revelado por ellas, rigurosamente auténticos, todavía comprobables, si valiese la pena. Todas concurren a mostrar una fase del drama español, mucho más duradero y profundo que la atroz peripecia de la guerra. En tiempos venideros, variados los nombres de las cosas, esquilmados muchos conceptos, los españoles comprenderán mal por qué sus antepasados se han batido entre sí más de dos años; pero el drama sub-

---

1. En la edición de Losada decía: «insurrección *anarquista* de mayo».
2. En la edición de Losada decía: «un*a* vaticinio».
3. En la edición de Losada decía: «*desenmascar*».

sistirá, si el carácter español conserva entonces su trágica capacidad de violencia apasionada. Percibirlo así, una vez más, en la plenitud de la furia fratricida, ha llevado el ánimo de algunas personas a tocar desesperadamente en el fondo de la nada. Por otra parte, es muy dudoso que, después de este viaje, corto en el tiempo, demasiado largo por sus borrascas, la razón y el seso de muchos hayan madurado. Más valor tiene, pues, el que algunos hayan mantenido, en las jornadas frenéticas, su independencia de espíritu. Desde el punto de vista humano, es un consuelo. Desde el punto de vista español, una esperanza.

Mayo, 1939

DIÁLOGO

MIGUEL RIVERA, *diputado a Cortes.*
EL DOCTOR LLUCH, *de la Facultad de Medicina de Barcelona.*
BLANCHART, *comandante de Infantería.*
LAREDO, *aviador.*
PAQUITA VARGAS, *del teatro.*
CLAUDIO MARÓN, *abogado.*
ELÍSEO MORALES, *escritor.*
GARCÉS, *exministro.*
UN CAPITÁN.
PASTRANA, *prohombre socialista.*
BARCALA, *propagandista.*

(El auto del doctor Lluch devora la distancia entre Barcelona y Benicarló. En el morro del coche se despliega un banderín gualda, y en la mirilla trasera, «Metge», dice un letrero blanco anegado en polvo. La profesión, los servicios de Lluch le habían valido conservar el disfrute del coche, último resto de sus comodidades de burgués: guiándolo, introduce en su estado presente una punta sarcástica, recuerdo de su antigua condición de dueño. Junto a Lluch viaja Miguel Rivera, diputado,[4] joven aún y, hasta seis meses antes, millonario. Dentro, el comandante Blanchart, un oficial de aviación, Laredo, convaleciente de heridas atroces y la Paquita Vargas, artista de zarzuela. Necesitados de viajar por motivos diferentes, Rivera había obtenido de su amigo Lluch que admitiera en su coche a los dos militares y a la Paquita, hasta Valencia. Declinante un día de marzo, cortan la campiña del Panadés, la tierra fragosa, poblada de olivos y algarrobos, que vomita turbiones en el mar, las vegas de Tortosa, y desembocan en la Plana, llameantes los ocres de la costa sobre el agua azul, anegada en tintas de violeta la hosquedad confusa del Maestrazgo. Ningún tropiezo. A medio camino, un entierro. Cipreses verdinegros, sobredorados por el ocaso,

---

4. En las ediciones de Losada y Oasis falta la coma después de «diputado».

cobijan el cementerio contiguo a la carretera. Lluch detiene el coche. Sobre el féretro, una bandera roja y negra; detrás, el pueblo entero, alineado, y una música en silencio. Al paso del féretro, Lluch levanta el puño. Inquietud de Rivera. Otros del cortejo, contestan. Se oye el arrastrar de pies por la carretera. Algunos ojos escrutan el interior del coche, atraídos por los uniformes. Más lejos, una patrulla.

—¡Alto! ¡Los papeles!

Lluch exhibe un pliego lacerado por las firmas, rúbricas, sellos, contraseñas y marcas bastantes a acreditar su lealtad. El cabo de la patrulla parece horadar el papel con la mirada. Lluch se impacienta.

—Menos prisa, camarada. Hay que enterarse.

—Te enterarías antes, camarada, si leyeras el papel al derecho.

Se lo devolvieron.

—Podéis seguir. ¡Salud!

—Salud... y supervivencia —exclama Lluch al poner el coche en marcha. Susto de Rivera: «Van a pegarnos un tiro». «¡Bah! No son tan ingratos.»

Lluch se place en la rápida carrera, en la paz de los campos, traídos a tal galanura y fecundidad por un trabajo de siglos. Masías blancas entre parcelas cobrizas recién labradas y siembras lozanas, brillante el verde jugoso de las mieses nuevas. Carros de labrador, de toldo alto, guarnecidos los arneses de las mulas con mucha clavazón dorada. Algún viñador poda las últimas cepas. La pincelada milagrosa de las flores parece soltarse de los frutales tempranos y volar, en la fuga del coche, al horizonte de sierras encanecidas.

—Lo arrasarán todo. Ni casas ni árboles quedarán en pie. Los hombres, fusilados. ¿Por qué no las mujeres y los niños?

¿No los vemos ya hechos pedazos? Nos llegará el turno...
—murmura Lluch.

El impresionable Rivera solía fluctuar a merced de las opiniones ajenas, sobre todo de los vaticinios pavorosos, por su experiencia personal reciente, muy siniestra. En ella quería fundar,[5] sin embargo, una mayor confianza en la suerte, como si hubiese agotado las probabilidades adversas.

—He salvado la piel de tantos peligros que me creo destinado a sobrevivir.

—La conservación de la vida no se asegura de una vez para siempre. No confunda usted las aventuras novelescas de su evasión con la realidad del peligro mismo. No le añaden nada. El destino no se presenta siempre con apariencias tan notables. Se muere tontamente, sin saber por qué. Hace meses se encontraba uno en las cunetas de este camino a los muertos rebozados en su propia sangre. De sobremesa o en mitad del sueño les habían pegado cuatro tiros. ¿Quién? ¿Por qué? Cuando nos toque a nosotros, seremos dos números en la estadística. Sin ninguna razón explicativa de nuestro destino. O admite usted la mía: que a los hombres como nosotros se les acaba el mundo. Sobramos en todas partes. El proceso eliminatorio se cumplirá, poco importa el modo. ¿Ley de la historia? Bueno. La historia es una acción estúpida. Ajena, cuando no contraria a la inteligencia humana. El hombre lo comprueba, lo padece y no puede más. Tal es la grandeza de su destino, según dicen. Eso nos diferencia de una caña. Envidio a la caña. Como no hay remedio, me forjo una moral adecuada a la quiebra de mi humanidad y recito mi papel hasta la última sílaba.

5. En la edición de Losada falta la coma después de «fundar».

Anochecido, rinden viaje en el albergue ribereño del mar. Las brasas del poniente se enfrían, dejan nubes de ceniza.[6] Témpanos blancos en el caserío del pueblo. Entre huerto y jardín, unos olivos. La silueta abrupta de Peñíscola, desgajada de tierra. Calma chicha. Las piedras de la orilla paladean un rizo transparente que se explaya sin ruido ni espuma. Otros viajeros, en el albergue, reciben con asombro y alborozo a Miguel Rivera. El coloquio se prolonga durante la cena y la sobremesa.)

PASTRANA

¿De dónde sale usted?

RIVERA

De la sepultura.

MORALES

Es para creerlo. Todos le daban por muerto.

RIVERA

No miento. Al pie de la letra, vengo de la sepultura. Estaba de paso en Logroño, para visitar a mis hermanos, cuando

6. En la edición de Losada: «cenizas».

empezó la rebelión. Si el pueblo hubiese tenido armas habría vencido. Con una sangría suelta, la resistencia cedió. ¡Qué de suplicios! A mi hermano, el capitán de Artillería, le fusilaron; y al otro, ingeniero, le asesinaron en el camino de Zaragoza, porque eran republicanos. Antes de matarlo, le arrancaron unos dientes de oro. Pude esconderme. Pasé cuatro meses en la choza de un pastor, en plena sierra. Mientras, me juzgaron en rebeldía, me condenaron a muerte, confiscaron todos nuestros bienes, incluso los de mi madre, que a sus ochenta años vive de limosna. Una partida descubrió mi escondite. Creí llegada mi última hora. Eran amigos, obreros de Haro, fugitivos. Contaron las hecatombes de La Rioja. ¡Asombroso! En los pueblos más señalados fusilaron los censos enteros. Me di a conocer y unimos nuestra suerte. Me pusieron en relación con un conductor. Encerrado en el maletón de un coche me llevó a Pamplona. Al hombre no se le ocurrió otra cosa que esconderme en el cementerio. «Tengo aquí un buen amigo», me dijo. Muchos tenía yo, pero muertos. En Navarra apenas había más que carlistas, nacionalistas y católicos. En las elecciones, la coalición republicana no pasó de treinta y seis mil votos. Pues han fusilado a unas quince mil personas.[7] Si la

7. Es muy difícil proporcionar cifras aproximadamente exactas sobre esta cuestión. JACKSON, en su libro *La República española y la guerra civil*, Grijalbo, México, 1967, pp. 436 a 447, da la de 200 000 muertos por fusilamiento en la zona nacional. THOMAS, en *La guerra civil española*, Ruedo Ibérico, París, 1967, pp. 189 a 191, cree que tanto esa cifra como la de 150 000 parecen ciertamente exageradas. Por lo que respecta a Navana, el mismo THOMAS se refiere a los datos hechos públicos por el Colegio de Abogados de Madrid, al principio de la guerra, que señalaban 7 000 muertos en Navarra; también recoge, atribuyéndoselo al Presidente de la Adoración Nocturna de Pamplona, señor Garicano, la cifra de 9 000 muertos en Navarra antes de octubre de 1936; igualmente dice que, según una no precisada fuente republicana, se habían identificado, en 1959, 1950 personas muertas en dicha región; cita más adelante la carta del gobierno vasco en el exilio al Subcomité para España de la ONU, en 1946, en la que se expone que el obispo de Vitoria cifraba en 7 000 el número de fusilados en Navarra.

proporción es igual en toda España, hagan ustedes la cuenta... El conductor tenía, en efecto, un amigo camposantero. Pasé veinticuatro días metido en un nicho. No había peligro de que los vecinos me denunciaran. Por las noches salía a estirar las piernas y a recoger un poco de pan y un jarro de agua. Mi protector me preparó la fuga. Llegué a la raya a pie, en hábito de fraile, y di con mis huesos en Arlegui. Huesos, porque no tenía más debajo del hábito, y el pellejo. Nunca hubiese creído que por salvarlo se padeciera tanto. Me socorrieron. Tardé unas semanas en recobrarme. Quise volver a España...

MORALES

Extraño caso.

RIVERA

Ya me he dado cuenta. Con recursos prestados llegué a La Junquera. Me detuvieron por sospechoso. No tenía papeles. Alegué mi condición de diputado y lo puse peor.

PASTRANA

Lo de ser diputado estaba casi tan malo como ser general, obispo o patrono. Aunque no tan malo como ser ministro.

Preso en una barraca, amenazado de muerte, logré enviar a Barcelona un recado telefónico. De allí me reclamaron con urgencia. Persuadidos de que iba al suplicio, unos sicarios accedieron a llevarme, maniatado en un coche, rozándome la nuca el cañón de una pistola. Estuve veinticuatro horas de pie en una mazmorra, apretujado entre gentes de quien no llegué a ver con claridad las facciones. El mismo valimiento que me salvó en la frontera, obtuvo mi libertad. Todo mi haber consistía en los andrajos que llevaba puestos. Gracias al doctor Lluch salí de apuros y con devolverme la salud he recobrado la calma e incluso la esperanza.

LLUCH

No tenía usted nada grave. Digamos hambre atrasada y una excitación nerviosa que se corrigió pronto. En cuanto se aclimató a la vida nueva. Al principio no se daba usted cuenta de dónde estaba. Como si cayera de la luna.

RIVERA

En casi medio año no supe de España sino que en La Rioja y Navarra fusilaban a millares de hombres y mujeres. De lo restante, nada. Llegué a Barcelona creyéndome el protagonista de un drama excepcional. Hambre atrasada... sin duda. Pero créanme ustedes, más que comer y asearme, necesitaba aliviar mis pesadumbres, siquiera contándolas. Encontrar algún calor, un afecto compasivo. La impresión era glacial. No me daba cuenta, es cierto, de lo que ustedes habían pasado día por día, ni de que a nadie le quedaba lugar para el asombro o la conmiseración. Caí en una ciudad nueva. Salvado de la[8] muerte, entraba en una sociedad que tenía también la pistola en la nuca. No se me ha borrado la extraña impresión de nuestra primera entrevista, Lluch. ¡Cuántas cosas pensaba contarle! Me recibió usted con estas palabras: «¡Hola, Rivera! ¿Qué le trae por Barcelona?» Me quedé cortado. Y sin transición, añadió usted: «¿Ahora se deja usted la barba?». Recuérdelo y ríase de mí como yo me río. Al entrar en su habitación, pensé que entraba un personaje de tragedia. En realidad, entró un señorito mal afeitado. De pronto, cuanto quería contarle me pareció ridículo.

LLUCH

Me preguntó usted por el perro y al saber que lo había matado un automóvil, rompió usted a gritar: «¡También el perro, también el perro!». Entonces pensé, se lo confieso, que no estaba usted en su cabales.

RIVERA

La atonía de usted y de otros me desconcertaba, por ignorancia. Verdad es que desde el paso de la frontera debí darme por advertido. Había algo peor: la envidia de algunos,

8. En la edición de Losada: «*mi* muerte».

por haber estado en el extranjero, mezclada con la lástima que les despertaba mi regreso. Yo había vuelto a España por un movimiento natural, sin proponerme sobre ello ninguna duda. Un conocido me dijo en Barcelona: «¡Cómo! ¿Estaba usted en Francia y ha vuelto? ¡Cualquier día hubiese vuelto yo!». ¡Qué rabia! Tras de conducirme como debía, me tomaban el pelo. Fuese rabia o miedo contagiado o deseo de no pasar por tonto, llegué a dudar si me marcharía. Lluch me disuadió.

LLUCH

No. Las cosas en su punto. Siempre me he guardado de decir a nadie lo que debe hacer, como no sea a mis enfermos, y aun eso, barruntando que no lo harán. Le dije a usted, porque me lo preguntó, que no le creía expuesto a ninguna amenaza especial. No había usted salvado la vida a ningún arzobispo, a ningún monje. No tiene nada que ver con los enredos políticos y sociales de Cataluña, ni ha hecho bien ni mal a nadie en mi tierra. Pero no le dije que se fuera ni que se quedase. Me resisto a ser agente del destino cerca de nadie.

MORALES

Lo mismo puede usted serlo dando un consejo, que absteniéndose.

Cierto. Pero a más que la omisión o la inacción no se puede llegar.

MORALES

Hay quien piensa y escribe que, en su poca disimulada fuga, presta servicios de mucha cuantía.

MARÓN

Lo he oído. El tino, el buen gusto, están mal repartidos. El prurito de agradar siempre, a que lleva el ansia de popularidad, obliga a confeccionar argumentos para los crédulos papanatas. Héroes, a su modo, los que prefieren pasar hambre a pasar miedo. Acaso acierten, porque el hambre enflaquece y el miedo enloquece. El hambre puede incitar a un delito, el miedo a una bajeza. El peor negocio es pasar hambre después de haberse doblegado al miedo. A mí no me importa.

MORALES

No juzguemos con tanto rigor. Mirándolo fuera del tiempo presente, esos hombres, apartados de estos hechos horribles, serán una reserva para el día de la paz.

LLUCH

Me parece que los oigo hablar. Hace dos meses el Gobierno me envió a comprar material sanitario en París. Tropecé con un amigo barcelonés, un pez gordo de la política[9] catalana, emigrado de los primeros días. «¿Cómo os va con la F.A.I.?», me soltó de buenas a primeras. «Aguardamos tu regreso para acabar con ella», le contesté. Me descubrió el proyecto a que usted alude. En España, dos bandos feroces tratan de destruirse. Ninguno puede dominar al otro. Cuando se reconozca así y se acabe la guerra, los que se mantienen lejos de ella y reprueban a los dos bandos, se encargarán de gobernar al país. No disimulo mi horror por tantas cosas como suceden, acá y allá. Al oír esas vanidades, siento que me penetra el espíritu intransigente del miliciano.

MARÓN

Por mi cuenta hay ya cuatro Españas. Nada menos. En París se había formado una tercera España, con los designios que usted le oyó a su amigo barcelonés. Pero ha surgido la cuarta España, con soluciones mucho mejores. Ahora falta que entren en guerra civil, dentro de París, como lo están las dos primeras en la Península. En realidad, todos esos miembros pasivos del Comité de No-Intervención, tienen mala suerte. Si la guerra se hubiese acabado en septiembre con la destrucción de la República, siempre habrían quedado deslucidos, pero cómodos. «¿Ven ustedes? ¡Todo estaba perdido! ¿Qué íbamos a hacer allí?» Pro-

---

9. En las ediciones de Losada y Oasis: *«policía»*, en lugar de *«política»*.

longarse la guerra indecisamente, tiene que disgustarles aunque
no quieran, porque los deja en mala postura sin disculpa posible.
Aunque se callen (no todos se callan), su sola presencia daña.
Y cuando hablan... lo más inocente es justificarse arbitrando
planes políticos para personas superiores y finas.

PASTRANA

Que son finos, superiores a nosotros, verdaderos cafres
que aguantamos los bombardeos, se les nota cuando por accidente vienen a España. Uno estuvo en Valencia cuatro días.[10]
Muy enojado porque el Gobierno no se apresura a editarle
su obra sobre Recesvinto[10bis] ... ¡Ya ven ustedes, Recesvinto![10ter]
Me habló del *Foreign Office*, del *Quai d'Orsay*, del *Gentletnens'
agreetnent*, del *Covenant*, de la seguridad colectiva, del asentamiento[11] de campesinos asidos, de la Conferencia de los Nueve, del Comité de los Veintitrés... Precaviéndose contra un
reproche que nunca pensé hacerle, afectaba una distinción
lánguida. Leía en sus ojos cierta protección distante, compa-
siva. Aquella noche sufrimos un ataque aéreo. Mucho miedo.
Algunos muertos. El hombre se presentó en mi casa a pedir-
me que obtuviese de Prieto un permiso para salir en el primer
avión. No le di de bofetadas. Ha repasado los Pirineos. Mis
carcajadas lo acompañan.

10. Coincide bastante este párrafo con lo escrito por Azaña en sus *Memorias* el 19
de agosto de 1937 *(Obras Completas,* tomo IV, pp. 742 y 743) refiriéndose a Sánchez
Albornoz.
10bis. En las ediciones de Losada y Oasis: «Rescesvinto».
10ter. En las ediciones de Losada y Oasis: «Rescesvinto».
11. En la edición de Losada: «asentimiento».

Se han dado por vencidos. Con esa moral ¿qué podía esperarse?

MARÓN

¿Vencidos? No será en la guerra. Está la pelota en el tejado.

GARCÉS

Vencidos por el cataclismo social.

MARÓN

Tampoco se ha concluido la sociedad española. Admitamos que cambiará. ¿Habremos dejado usted y yo de pertenecer a ella?

MORALES

Nadie puede formarse una moral apropiada a las circunstancias, deduciéndola de su caso particular. Tanto da una moral de derrota como de victoria. Una moral de vencidos es inútil, no ya para vencer sino para soportar el vencimiento. No sirve para mucho más la moral basada en la seguridad de la victoria. Si la victoria, por fin, no llega, se derrumba la moral, el hombre se degrada en su cobardía; y aunque llegue, tampoco esa moral sirve para afrontar la victoria, que por otro estilo relaja y corrompe tanto como la derrota. Es impropio de hombres avisados quedarse, valga la expresión, a medio camino y suspender el espíritu ante las realidades exteriores, por ruidosas, exorbitantes y terribles que sean, como la revolución y la guerra. Para adquirir una disciplina, no admito la zozobra del ánimo entre dos accidentes: derrota o victoria. Ha de ser obra de la inteligencia más que de la entereza, y sobreponerse a esos dos accidentes y a otros. Ganar o perder la guerra es muy importante, pero el fenómeno que padecemos no se cifra en eso. Ni siquiera desde el punto de vista de la razón política. ¡Y no hay que decir, en el orden moral de cada uno!

PASTRANA

Amigo mío, es usted un emigrado en canuto.

MORALES

Me maltrata usted,[12] como siempre.

PASTRANA

Mil perdones. Quise decir que no estoy conforme.

12. En las ediciones de Losada y Oasis falta la coma después de «usted».

Me atrevo a confesar que yo lo estoy, si he comprendido a derechas. Por lo menos en cuanto al método... Procuro superar los accidentes. No fundo mi moral, como ustedes dicen, en preferencias personales, ni en el aspecto primero de estos sucesos, ni en su conclusión, deseada o temida. No he corrido aventuras semejantes a las de nuestro amigo Rivera. Apenas llego a creer que me haya visto en peligro de muerte. He presenciado la de muchos otros. Soy médico. Sirvo, porque estoy obligado a remediar miserias. Un hospital de campaña es una escuela que inculca nociones desusadas. Inaplicables después; lo temo. Pero ese es otro cantar. Estoy contento de servir. Como hombre, procuro entrever el destino que me aguarda y lo recibo impasible. Me satisface comprenderlo, y, si puedo, darle un nombre. No acierto a encontrar el más expresivo. Oigo hablar de generales traidores, de anarquistas homicidas, de falangistas sanguinarios... Todo es verdad, pero anecdótico.

MARÓN

¡Qué blasfemia!

LLUCH

No. La fiebre es una incomodidad o un peligro en la vida del febril, no un desorden en la naturaleza. Lo que sucede, no cabe en los conceptos de la razón política. ¿O admite usted que la libertad, el orden social, la justicia, etcétera, tienen por premisa o llevan por fruto una degollina universal? Arrincone usted lo político. El hombre es una bestia más inteligente que el perro o el mono, pero una bestia. El hombre no apetece la libertad. La vida humana no se roza con la justicia. El orden, o sea la tranquilidad de los venturosos, se funda en la desventura de los miserables. Vituperamos la opresión, nos escandaliza la miseria, en cuanto nos dejamos deslumbrar por la idea de justicia. ¿Pero qué es la justicia, nunca lograda en la historia? Parto del ingenio humano. El hombre engalana su horripilante bestialidad con inventos ingeniosos. El pesimismo radical de la religión cristiana es irrefutable. Pone la justicia en otro mundo, ¡sarcasmo gigantesco! Atravesamos una fase de destrucción acelerada. Es recaída normal, pero no desorden. Me quedo solo con mi juicio ante[13] la materia bruta[14] y rechazo el aparato dialéctico que pretende clasificar los hechos encerrándolos en un sistema que sea mañana el sistema de la historia política. ¿O en busca de una explicación y hasta de una justificación, vamos a discurrir por conceptos inadecuados, o por imágenes falsas? A una peste, a una invasión, se les llamaba en otro tiempo azotes de Dios. Los hombres son tan malos —venía a ser la explicación— que es justo aniquilarlos —justicia del otro mundo—, siguiendo el precedente del diluvio, sin más acepción que la del involuntario delito de haber nacido. ¿La dialéctica de ustedes les lleva a insertar aquí un concepto de justicia, terrena o sobrenatural? Ni los arzobispos españoles han dicho todavía que esta calamidad sea castigo del cielo.

13. En la edición de Losada: «entre».
14. En la edición de Losada: «brutal».

GARCÉS

Pero invocan a Dios en ayuda de los rebeldes.

LLUCH

Eso es política.

MARÓN

Sarcasmo y muy amargo, el de usted.

LLUCH

Me he quitado de él, radicalmente, como del tabaco. Al principio, me defendía de los sinsabores causados por la estupidez o la maldad refugiándome en un desprecio burlón que ya saboreaba el placer del desquite. Un día comprendí que había ido demasiado lejos por ese camino y he puesto el esfuerzo mayor en desandarlo. Mi defensa valía tanto como tomar morfina o emborracharme. Desde que volví del frente, trabajo en un hospital de Barcelona, bajo la inspección de un comité de funcionarios subalternos del mismo establecimiento. No he llegado a saber si en el comité tienen delegación los enfermos. Después de todo, ¡quién con más derecho! Estaba muy reciente mi tropiezo con un operado desaprensivo y me daba risa, una risa mala, considerar los resultados posibles de cualquier decisión profesional. Si alguna vez me equivoco —pensaba—, si un enfermo se me muere en las manos, dirán que soy traidor, que le he quitado a la República un soldado. Sería prudente someter a votación del comité la necesidad de amputar una pierna. Cuando esta reflexión saltó en mi espíritu, caí en la cuenta de que iba mal. En fuerza de querer preservar la lucidez estaba perdiéndola. Eso, más que risa, era una mueca. Para curarme, rompí las ligaduras con los accidentes de cada día. No leo periódicos, no oigo la radio, no me informo de la política ni de la guerra. Trabajo como un buey. En eso no hay engaño posible. Así he recobrado poco a poco mi verdadera libertad interior y he trazado el simple esquema de nuestro destino. Veo a los hombres abandonados, cientos de miles de hombres, convertidos en sus propios verdugos, empujados a la muerte. Veo el naufragio de agresores y agredidos. La misma resaca se los lleva a todos. Cadáveres, muchos cadáveres en olas de sangre. Tal veo en lo más profundo de mi ser de hombre. Si el navío en alta mar rompe de pronto a arder por las dos puntas y no hay socorro posible ¿qué es enloquecerse, en busca de salvamento?

MARÓN

Pasará la tormenta, saldrá el sol y tanto duelo no habrá sido inútil.

LLUCH

Ustedes discurren en la oficina, en el periódico, en la tribuna. Yo vengo del hospital y de la guerra. Aquí hay otros que, por las señas, vienen de los mismos sitios. Pero su juicio no vale más que el mío. No lo lleven a mal. Son militares y están enseñados en otros deberes. No soy soldado. Soy un hombre perdido en el sufrimiento de los demás. ¡Utilidad de la matanza! Parecen ustedes secuaces del Dios hebraico que, para su gloria, espachurra a los hombres como el pisador espachurra[15] las uvas, y la sangre le salpica los muslos. Vista la prisa que se dan a matar, busco el punto en que podrá cesar la matanza, lograda la utilidad o la gloria que se espera de ella. No lo encuentro. En los primeros años de este siglo, un autor escribía que para remedio de España era menester «un metro de sangre». ¿Un metro? Más tendrán. Si el autor acertaba, España se remediará. El autor ha muerto sin haberse desangrado sobre el suelo español. Estará contento en su fosa, bien seca. Me inclino a pensar que esta sangría no es la que auguraba aquel autor: el país no saldrá remediado. He desechado el sarcasmo, la ironía, la burla, el desprecio. Tampoco sería exacto llamar resignación a este coraje desesperado que me levanta, por dos motivos, sobre el horror del destino: el primero, lo irremisible del fallo: tanto da que se cumpla hoy o mañana; el segundo, por el alcance de la suerte común, igual en todos. Es inútil considerar el caso personal, mío o ajeno. Tal es la razón de la fría naturalidad con que le recibí a usted, Rivera. En una masa encaminada al suplicio, nosotros dos y todos perdemos el nombre y la faz.

RIVERA

Cuente usted a estos señores lo que pasó con el operado desaprensivo.

15. En la edición de Losada: «espachurra *a* las uvas».

Uno de tantos casos. Hace seis o siete años operé a un trabajador en el Clínico. Una extirpación difícil. Salvó la vida, pero quedó inútil. No había vuelto a saber de aquel sujeto. Pocos días después de la sublevación se me presentó con arreos marciales, fusil, pistola y un gorro bicolor. Me pidió una indemnización de veinticinco mil duros, porque mi impericia le había estropeado. Hice mal en tomarlo a broma. «Si todos los clientes descontentos −pensaba− hacen lo mismo, la profesión será muy incómoda. ¡Quién sabe! A lo mejor, eso es la justicia y se nos hace cuesta arriba por falta de hábito.» No tardaron en visitarme otras máscaras y, quieras que no, me llevaron a un convento, mudado en cárcel. El inválido escribió una petición y yo quedé en rehenes. Más tarde he averiguado que mi hermano menor, también médico, fue a la prisión y pidió mi libertad. «Aquí no hay ningún Lluch», contestaron. Recorrió todas las cárceles, antiguas o improvisadas. No daban razón. Parlamentó con las autoridades. «Todo se arreglará.» «¿Pero dónde está?» «No lo dicen.» «Lo han matado.» «Quieren dinero, y si lo matan no lo tendrán.» Mi hermano creyó que me habían muerto, se aturdió, quiso fugarse. Trató de ganar la frontera por caminos extraviados, le echaron el alto, corrió... Le mataron a tiros. En tanto, las autoridades se desvelaban por salvarme. Un pariente del jefe de policía, bienquisto de la organización que patrocinaba al demandante, arbitró el pleito: con cinco mil duros quedaría todo arreglado y yo libre: «Pagaré, si los hay todavía en mi cuenta corriente». El mediador fue lo bastante benigno y hábil para persuadir a los secuestradores que no llevasen adelante la calaverada. Pagué y volví a mi casa. Tardé algunas semanas en averiguar la triste suerte que había corrido mi hermano.

BLANCHART

¿En qué frentes ha trabajado usted?

LLUCH

Siempre en el Alto Aragón. Me sacaron de Barcelona para utilizar mis servicios, y de paso, protegerme. Me vino bien, porque me libré de los enredos de la Universidad. Se había transformado en Universidad de Cataluña. Así lo reza un letrero en la fachada. Ahora somos más nacionalistas que nunca. Funcionó un comité de bedeles y empleados subalternos bajo la presidencia nominal del rector, encargados de depurar el profesorado. Me desagradaba meterme en eso. Perdieron su plaza algunos catedráticos desafectos al régimen, quedaron otros desafectos a la ciencia. La plantilla de subalternos y administrativos de la Universidad, que por añadidura está cerrada, ha crecido hasta ciento treinta funcionarios. Muchos más que catedráticos. Bueno. El caso es que me zafé de aquellos enredos. Por cierto que ahora resucitan. La primera depuración no era perfecta, hay que depurar más, quieren nombrarme a mí para entender en ello. Denuncias: don fulano dijo esto o lo otro, el bedel mengano se guardó unas propinas, tenía en su casa un retrato... ¡Se estaba mejor en el frente! Organicé unos hospitalitos de campaña, trabajé en ellos una temporada. Después me trasladaron a otro, más a retaguardia, en una ciudad pequeña, fea y bárbara, asolada por la guerra y la revolución. Lo menos lastimoso, la sala del hospital. ¡Qué extraña experiencia!

GARCÉS

¿Funcionaba el comunismo libertario?

LLUCH

Mientras yo estuve allí, no, señor. Hubiese sido bueno que funcionase algo. Mucha gente había desaparecido, el dinero totalmente. Los víveres se repartían con desigualdad tradicional, pero ahora estaban en turno otras personas. Gran confusión, voluntad excelente, miedo avasallador. Donde antes había una persona para desempeñar un servicio medianamente, cuando no mal, encontré siete, doce o veinte, convencidas de hacerlo todo muy bien a fuerza de discusiones. Quienes no tenían aún motivos para asustarse, parecían petulantes, autoritarios, ufanos como chicos con zapatos nuevos. Por ensalmo habían puesto la mano en el ápice del mundo y se disponían a cambiar su ruta. La población exhibía la uniformidad nueva del desaliño, la suciedad y el harapo. La raza parecía más morena, porque los jóvenes guerreros se dejaban la barba, casi siempre negra, y los rostros se ensombrecían. Largas melenas, pechos velludos descotados, fusiles en bandolera, reminiscencias de un siglo atrás, locuras románticas, barricadas revolucionarias. Mucha gente incurría en la uniformidad del andrajo por miedo de parecer acomodada, sobre todo si lo era aún o lo había sido. Ningún sombrero, boina cuando más. Cuello en la camisa, nunca. La corbata habría sido un reto insolente. Conservar mi vestimenta de siempre, parecía un rasgo de valor. «Estas modas se implantan aquí con más entusiasmo que en Barcelona», pensé, recordando el aspecto de las Ramblas desde el día en que la capital se encasquetó la boina y pareció toda ella vestida en almacén. Los soldados del antiguo ejército conservaban alguna prenda reglamentaria descabalada. Los oficiales, ahorcado el uniforme, lucían prendas de cuero, cierres de cremallera, cadenillas y preseas de fantasía, en lo que apuntaban ya el lujo, la elegancia... Difícil situación la de los oficiales, más penosa cuanto más probada su lealtad. Hallé un hospital junto a una cuadra de animales. En largos coloquios con los mandones del lugar, obtuve un caserón para albergar heridos, inmediato al cementerio. «Será por la escasez de transportes», me dije, cediendo al mal humor. El hospital nuevo funcionó pronto. Casi todas las noches a las altas horas, sonaban en el cementerio descargas de fusilería. La primera vez pregunté: «¿Qué disparos son esos?». Tres sujetos estaban conmigo. El uno, muy ceñudo, no contestó. Otro, sonriéndome con sonrisa de connivencia, repuso: «¿Qué ha de ser?», sin más. El tercero me dijo: «Fusilan en el cementerio», como podía haber dicho: «Está lloviendo». Una noche, a fines de agosto, mientras de codos en la ventana de mi cuarto tomaba el fresco, sonaron en el cementerio tres descargas. Después, silencio. ¿Qué pasaba por mí? ¡No sé! Me parecía ver la escena, como si el cementerio, rodeado de tiniebla, se hubiese iluminado. No podía quitarme de la ventana. De allí a poco, se oyó un gemido. Escuché. El gemido se repitió, más recio, creció hasta ser alarido, intermitente, desgarrador... Aquella oscuridad, el silencio... Nadie respondía.

El casi muerto, en el montón de los ya muertos, gritaba de espanto, devuelto a un poco de vida, más horrible que su muerte frustrada. El grito venía en derechura disparado contra mí. Traje a la ventana a unos empleados del hospital. «¡Vamos a buscarlo, quizá se salve!» Rehusaron, porfié, me lo prohibieron. ¡Quién se mezcla en tales asuntos! Todo lo más, enviar un recado a la alcaldía. Se envió el recado. Pasó tiempo. ¡Tac, tac! Dos tiros en el cementerio. Dejó de oírse el gemido.

MORALES

Es el cuadro de toda España.

MARÓN

Con una diferencia importante. En esta zona, las atrocidades cometidas en represalia de la sublevación, o aprovechándola para venganzas innobles, ocurrían a pesar del Gobierno, inerme e impotente, como nadie ignora, a causa de la rebelión misma. En la España dominada por los rebeldes y los extranjeros, los crímenes, parte de un plan político de regeneración nacional, se cometían y se cometen con aprobación de las autoridades.

MORALES

La observación es acertada. Pero a mí, que nunca he tenido mando ni responsabilidad en parte alguna, no me consuela.

BLANCHART

¿Por qué encuentra usted penosa la situación de los oficiales?

LLUCH

En general, despiertan sospechas. Buen pretexto para sustraerse a la disciplina, tan pesada. Me pregunto si no será también muy pesada para quien ha de imponerla. El caso es que los oficiales, amenazados, alejan las sospechas o se cubren contra ellas dejando hacer. Siguen la corriente. No ejercen el mando. Mandan los comités. Se ha descubierto una nueva disciplina militar, que consiste en no tenerla... Si no han descubierto además otro modo de hacer la guerra, vamos buenos. Pero yo no entiendo. Usted sabe y habrá visto más cosas y podrá decir si estoy en lo firme.

BLANCHART

Algunas he observado. No tantas como usted supone. Mis observaciones se limitan a Barcelona. Desde el comienzo de la guerra no he conseguido mandar tropas. Estoy arrinconado en una oficina.

MARÓN

Es raro, con la escasez de jefes...

Sería grave explicarlo... De mi lealtad a la República es imposible dudar. Usted sabe, Rivera, que incluso bajo los Gobiernos republicanos he sufrido vejaciones porque los capitostes del Estado Mayor Central me tildaban de comunista. A todos los oficiales republicanos, los jefes de la rebelión actual nos llamaban comunistas. No lo era, no lo soy. Aunque lo hubiese sido entonces, no daba motivo para molestarme. Cumplía y cumplo mi deber[16] a rajatabla, hago que los demás cumplan. ¡Estaría bueno dudar de mí, cuando se fían de otros, agazapados hasta saber qué pasa!

MARÓN

¿Ese género existe?

BLANCHART

¡Cómo! No quiero nombrarlos. Se columpian, como decimos, mientras la guerra está indecisa y en espera de lo que pueda ocurrir entre la Generalidad de Cataluña y el Gobierno de la República. Mi conducta es otra. Soy catalán por los cuatro costados, republicano y militar español. De ahí no salgo. Por eso no gusto. Era comandante en un regimiento de la guarnición de Madrid. En julio vine con licencia a mi pueblo, San Feliu de Llobregat, que ahora,

---

16. En la edición de Losada: «*labor*», en lugar de «deber».

indispuestos con la corte celestial y para hacer rabiar al santo, se llama Rosas de Llobregat. Es bonito... El día de los sucesos fui a Barcelona en cuanto pude y me presenté al Presidente de la Generalidad: «Soy jefe del ejército y como vuestra excelencia es representante en Cataluña del Gobierno de la República vengo a ponerme a su disposición». Aceptaron mis servicios... Ocho meses en una oficina. No es mi carrera. Sobrados oficinistas hay en la Consejería de Defensa de la Generalidad: setecientos funcionarios para organizar y administrar una fuerza que en el papel no llega a cuarenta mil hombres. He porfiado mucho. Ahora voy a Valencia con buenas esperanzas de obtener un mando en campaña.

RIVERA

Va usted en busca de una situación difícil, como la pinta Lluch.

BLANCHART

No debiera serlo. Si lo es, habrá que corregirla. La conducta de gran parte de la oficialidad disculpa, o, si ustedes quieren, justifica que se nos mire de reojo. Ha pasado tiempo, se ha podido averiguar quién es cada uno, para qué sirve, cómo ha servido. También han podido comprobarse las necesidades verdaderas de la guerra. ¿Repudiaban una fuerza militar, abrigaban la esperanza de que la revolución, místicamente, proveería a unas muchedumbres mal armadas y peor mandadas del poder suficiente para batirse con un ejército? Haberlo dicho, con todas sus consecuencias. Formar columnas de paisanos, sin instrucción, armamento ni disciplina, exaltar su espíritu político, copiar en ellas la fisonomía y la jerarquía de los partidos, y al mismo tiempo pretender que funcionen como un ejército, es enorme dislate. Ha producido desastres. Si querían un ejército combatiente, debíamos organizarlo nosotros, los militares, y mandarlo ateniéndonos al único modo de hacerlo. No se puede ser más o menos militar. No se es militar a medias. En cuanto se pierde la forma, se es cualquier cosa menos militar verdadero. Me ve usted de uniforme. Soy el único que se lo pone en Barcelona. No me lo he quitado nunca desde el 19 de julio, aunque no estuviese de servicio. Los demás lo han entendido de otra manera. Si al primer oficial que abandonó el traje reglamentario le hubiesen sentado la mano, se habrían evitado muchas aberraciones. No son nimiedades ordenancistas. Los signos exteriores de la disciplina importan mucho. En el ejército, la disciplina se había reducido a una cortecita. Los unos la pisotearon sublevándose. Otros, mal avenidos también con ella, han arrojado su parte de corteza, se quitan el uniforme. No soy el único oficial republicano que piensa así. Hay otros, muy buenos, de quienes nadie habla, cuyos servicios no quieren aprovecharse. Si fuese el único, también tendría razón. Sería, además, el último. Ahora estamos conociendo muchas últimas cosas, últimos modos y tipos. Me cuento entre ellos.

La situación excepcional exigía aprovechar el celo y el entusiasmo de todos.

BLANCHART

No lo niego. Aprovecharlo, requiere precisamente averiguar para qué sirve el más celoso. Una guerra campal no es tomar las barricadas de una calle o el cuartel de la Montaña. Dirigir una fuerza armada requiere enseñanzas previas. Cuando faltan cuadros de mando (es lo peor que nos sucede) será ineludible improvisarlos. Pero no debe adoptarse la improvisación como método permanente y, sobre todo, no debe creerse que se ha logrado improvisar nada útil cubriendo los mandos con personas señaladas en la acción política, ignorantes de los rudimentos del oficio. Ellos mismos, cegados por su improvisación personal, se niegan a aprender. Un acto revolucionario, una resolución[17] oportuna y útil, no califican para mandar. Si el ranchero impide que su batallón se subleve o el buzo de un acorazado logra que la oficialidad no se pase al enemigo con el barco, déseles[18] un premio, pero no me hagan coronel al ranchero ni almirante al buzo. No sabrán serlo. Perderemos el batallón y el barco.

MARÓN

Serán casos aislados. No los conozco.

17. En la edición de Losada: «revolución»
18. En la edición de Losada: «désele».

Ni los busque.[19] Hablo de la tendencia dominante, no me atrevo a decir el sistema, porque no hay ninguno, no siendo el de renegar de verdades palmarias, sin hallar otras que las reemplacen. Republicanos, monárquicos o anarquistas, los españoles hacemos siempre las mismas tonterías. Con el sistema que digo se incuba una pollada de caudillitos irresponsables, a quienes les corresponderá sublevarse contra lo que sobreviva de la República después de la guerra. Desde 1923 estamos renovando en España la experiencia del siglo pasado sobre lo que dan de sí las carreras militares rápidas. En nuestro país, violento, intolerante, sin disciplina, los generales menores de sesenta años son un peligro nacional.

MARÓN

Muchos oficiales de mérito, adaptados a la situación, prestan buenos servicios y se los hacen prestar a su gente, aunque mal preparada.

BLANCHART

¿Adaptados? De todo hay. Y según lo que llame usted adaptarse. Sé de un capitán del ejército, a las órdenes de un

19. En la edición de Losada: «busques».

rústico analfabeto, improvisado jefe de unidad,[20] que le dice: «Vamos a tomar aquella loma». «Imposible.» «Ordeno que se tome.» «Nos quedaremos todos en el camino.» «Lo que tú tienes es miedo.» El capitán dispone el ataque. No se toma la posición. El fracaso cuesta mil ochocientos muertos, entre ellos el capitán. ¿Es adaptarse? Un jefe de columna[21] del frente aragonés me asegura que, en cuantas operaciones ha participado, siempre ha habido como objetivos la posición militar y la posición política. En otros casos, los comisarios políticos se han abstenido de dar órdenes, convirtiéndose en lo que llamaríamos el capitán ayudante del jefe de columna. ¡Adaptarse! ¡Ya lo creo! La adaptación de algunos oficiales ha sido profunda, hasta ponerse al servicio, no de su función de guerra, sino de los designios políticos de un grupo. La popularidad los ha acariciado. Más o menos pronto, el desengaño ha sido terrible. Un militar, por mucho que transija, no podrá acomodarse a lo que profesionalmente es absurdo. Entonces la popularidad se trueca en desconfianza, los aplausos, en amenazas. Algunos se han escondido en Barcelona, temiendo la venganza del poder anónimo a quien se habían imaginado amansar sometiéndose.

MORALES

¿Con ese ánimo va usted a mandar, en condiciones que le repugnan?

20. En la edición de Losada: «Unidad».
21. En la edición de Losada: «Jefe de Columna».

¡Pues sí! Antes que pudrirme entre papeles, cualquier cosa... Mi adhesión a la República no ha menguado, al contrario. Quiero servirla, por vocación y por deber, como mejor pueda. ¿Y qué hago yo, fuera de lo militar? Sé mandar un batallón y llevarlo al combate. A eso voy. Siempre he tenido amor a mi carrera. No fundaba en ella esperanzas de gloria, ni para mí, ni para el ejército, ni para España, como podía soñarlo en la adolescencia. Conozco la historia de nuestro país, su pobreza, su atraso. Los años me han enseñado que no debe fundarse nada sobre la gloria militar. Con todo, siempre he creído posible aplicarme, dentro de mi profesión, para prestar un trabajo útil, cuando hiciese falta. Esta es la ocasión. Preferiría otra menos triste. ¡Qué le voy a hacer! Me duele que no se hayan acordado de mí en tantos meses. Como hay guerra, guerra contra la República y guerra de invasión, quiero participar en ella; es lo normal, aunque no soy belicoso. Me gusta la carrera, pero nunca he deseado convertir mi despacho de oficial en patente de corso. Encerrarse en los límites de la profesión, requiere ser modesto en las ambiciones, y hasta un poco limitado de espíritu. Yo lo soy, sin duda. De Cataluña salimos pocos militares; la juventud elige profesiones independientes, lucrativas. Soy militar porque lo fue mi padre, que se alistó para combatir a los carlistas y llegó a coronel. Veinte años en el ejército me han quitado muchas ilusiones. No obstante, en la profesión he encontrado el eje de mi vida moral: estímulo de buena conducta, correctivo de mi inclinación díscola, cebo de mi capacidad de trabajo. Tengo fama de autoritario, de intransigente. Me ponen motes porque hago servir a otros, porque no tolero que de servir se pase a servilismo. De ahí mis antiguas tachas, al parecer indelebles, vista la tardanza en emplearme.

MARÓN

Es usted un caso raro.

BLANCHART

No tanto. El fanatismo político no me domina, como a otros. Quizá sean hoy la mayoría en los dos campos, por efecto de la guerra. Cuantos conservan un poco de buen juicio, estorban. Habrá quien no habiéndolo perdido, disimule por ahora que lo conserva. En el campo rebelde hay gente como yo. A veces pienso en ellos. ¿Qué dirían si la rebelión triunfase con sus medios actuales? Tienen ejércitos alemanes e italianos, sin contar los marroquíes. Cuando esta gente, supliendo la impotencia de la rebelión, se apodere del territorio español, los generales extranjeros se despedirán de los generales españoles: «Ahí hemos conquistado para vosotros la Península. Tomadla. Ya podéis mandar y triunfar en ella. Buen provecho». Antes de que cobren la factura, alguno de mis antiguos compañeros irá a reunirse conmigo en el rincón donde entierren a los que se mueren de vergüenza.

Nada de lo que usted piensa ni todo ello junto es motivo para creerse inadaptado. Al contrario. Hemos padecido experiencias muy costosas, innecesarias en buena doctrina, porque ciertas verdades son conocidas desde hace siglos. Pero una es la doctrina y otra los hechos: en la fractura de los miembros del Estado, empezando por el ejército,[22] han jugado las leyes del choque. Todo va recomponiéndose, y lo que usted mantiene prevalecerá antes que en ninguna otra cosa en lo militar.

UN CAPITÁN

¡Si no es demasiado tarde! En Málaga he visto un caso muy grave de esa adaptación excesiva a que usted se refiere, mi comandante.[23]

MARÓN

¡Ah! ¡Usted ha estado en Málaga!

UN CAPITÁN

Hasta cuatro días antes de perderse la ciudad. Me tocó

22. En la edición de Losada: «*Ejército*».
23. En la edición de Losada: «Comandante».

un chinazo. Nada, quince días de hospital... Por suerte, me evacuaron. Allí tuvimos hasta hace poco un comandante militar extraordinario: «Yo no hago fortificaciones –decía–. Yo siembro revolución. Si entran los facciosos, la revolución se los tragará». Con esta moral se pretendía preparar la resistencia de una ciudad floja y revuelta de por sí. Asombra que no la tomasen antes. Bocado fácil. Desembarcar en Estepona no les costó nada. ¿Qué íbamos a oponerles? Revolución solamente. En Málaga disponíamos de seis piezas y de siete u ocho mil fusiles para cubrir un frente de unos cincuenta kilómetros. Por qué no había más, es otro cuento. Se habla mucho... Seguramente el Gobierno no disponía de tropas ni de material. ¡Y Málaga cae tan lejos! Otro botón. Allí había depositados muchos miles de toneladas de aceite que valían buenos millones. El Gobierno quiso sacarlo. ¿Qué comité,[24] qué responsable, qué gobernador,[25] o qué junta de defensa[26] se negó a obedecer? El aceite cayó en poder de los italianos.

MARÓN

¿Aquel comandante inverosímil era un jefe del ejército?[27]

UN CAPITÁN

Lo es todavía.

---

24. En la edición de Losada: «Comité».
25. En la edición de Losada: «Gobernador».
26. En la edición de Losada: «Junta de Defensa».
27. En la edición de Losada: «Ejército».

Hombres así han hecho mucho daño. ¡La popularidad a cualquier precio! Han acreditado entre las masas que ésa es la buena manera de ser soldado de la República o de la revolución.[27bis]

RIVERA

Se equivoca usted. El pueblo pide solamente lealtad. Otra cosa es que algunos farsantes hayan querido hacer clientela a fuerza de publicidad y de contorsiones. ¿Le ha molestado a usted el pueblo, le ha perseguido?

BLANCHART

Me ha molestado el desdén del Gobierno.

RIVERA

Es distinto. Precisamente yo presencié la escena de que usted fue actor en un café de Barcelona.

BLANCHART

Actor involuntario.

27bis. En la edición de Losada: «Revolución».

Gracias a eso significa más. Estaba yo en el café con Paquita y otros amigos, cerca de la ventana. Se paró en la puerta un Cadillac abanderado de rojo y negro, pintadas en las portezuelas las iniciales de la F.A.I. Se apearon cinco mocetones. Calzón, *leggis,* chaqueta y gorra de cuero, pistolas, fusiles... Ocuparon una mesa sin llamar la atención. Más tarde vimos venir a Blanchart, que acompañaba a Laredo, todavía colgado de las muletas. Al acercarse a la cancela, una mujer que vendía periódicos se adelantó. ¿Recuerda usted lo que les dijo, Blanchart?

BLANCHART

Nos dijo: «Tengo el gusto de abrir la puerta a dos militares leales».

RIVERA

Eso es. Cuando, en el café, se rebullían ustedes entre las mesas buscándonos, muchas conversaciones cesaron, un sujeto se levantó y saludó, alzando el puño. Otros le imitaron y en pocos segundos la concurrencia estaba de pie, menos los mocetones armados, que aparentaban no darse cuenta de la entrada de los militares.

PASTRANA

Prestigio del aviador herido.

MARÓN

Gravemente, por lo visto.

LAREDO

Un accidente como otro cualquiera.

PAQUITA

No le haga usted caso. El pobre, tan estropeado, tenía que ir a pie, y aquellos sinvergüenzas del Cadillac derrochando gasolina.

LAREDO

Dentro de un mes podré volar.

MARÓN

(A Lluch) ¿Qué hay entre esos dos?

LLUCH

(A Marón) Por de pronto, deshaucio de Rivera. Después,
ya se adivina.

BARCALA

¿Desde cuándo estás en Barcelona?

PAQUITA

Hace tres meses. En Madrid, un bombardeo nos quemó
el teatro. ¡Horroroso! Unos amigos me llevaron a Barcelona.
Me apunté en la C.N.T. y tengo trabajo.

MORALES

C'était à Barcelone.
Parmi les hidalgos
Paquita la gitane
Dansait des fandangos.

Visión de un poeta romántico.

RIVERA

Paquita no es gitana.

PAQUITA

¿Yo? ¡Vamos!

RIVERA

Ni baila fandangos.

MORALES

Entonces fallan todos los supuestos de la copla.

BARCALA

¿Ya no tienes contrato?

PAQUITA

¡Si eso es un contrato!... ¡Qué remedio! Todos iguales,
a tres duros, el tramoyista y la primera tiple. Teatro lleno,
pero tres duros. Es que estamos colectivizados. Recaudan en
teatros y cines más de veinte mil duros diarios y a nosotros
no nos dan nada. Nadie rechista. Una noche hubo escándalo porque me negué a repetir mi numerito. ¡Que lo repita
el tramoyista! ¿No ganamos lo mismo? Pero todos se aguan-
tan. ¿Has visto en un cine del Paseo de San Juan *El vagabun-
do millonario?* Es de actualidad.

He visto *Vidas en peligro,* que no lo es menos.

PAQUITA

Soy muy republicana, pero estas cosas.

BARCALA

¡Qué has de ser republicana! Eres cosa mejor. Por ti me hago yo... fascista.

PAQUITA

¡Idiota! Por supuesto, fascista hay que ser para sacar tajada... En Barcelona están la Teresita San Juan y su marido. No trabajan. Andan buscando que la Generalidad los embarque para América y los subvencione. De lo más carca. Nunca han podido ver a la República. Cursis del *Blanco y Negro...* Ahora hacen la rosca a los que mandan. Les regalarán el pasaje. En América nos pondrán verdes. Como la Soledad Martínez. La embarcaron aquí, después de darle dinero y cuanto quiso. ¿Qué ha dicho en La Habana? Horrores. Lo mismo sucederá con la Teresita. No escarmientan. Con ella está Antonia de Gracia... Tú la conoces, Miguel. ¡Hay que oírla! ¡Cómo os pone! Parece una marquesa a quien le han quitado el oratorio y los olivares. ¿Por qué no se lo dices al Gobierno?

Si no tienen dinero o les sobra miedo ¿por qué no han de marcharse, como los exministros? Vayan en hora buena. ¡Con tal que la revolución no llegue a tanto como a obligarme a verlos hacer comedias!

PAQUITA

Así sois todos. Unos pánfilos. No te quiero nada, Miguel.

RIVERA

¡Intransigencia de mujer!

MARÓN

Fuerza temible. Si Paquita se empeña en que denuncie usted a la Vargas,[28] la denunciará usted. ¡Ah! No se enoje conmigo, Paquita. Es un modo de decir... En lo que ha contado usted tiene razón, sin duda. Quería hablar en general. ¿Han calculado ustedes la parte de las mujeres en el origen de esta guerra, es decir, de la rebelión? Las mujeres sienten con más violencia todavía que los hombres las pasiones políticas. Se refrenan menos porque están peor enseñadas aún. Desconocen

28. Aunque en las ediciones de Losada y Oasis, en la traducción francesa, y en el propio ejemplar corregido por Azaña, figura «la *Vargas*», creemos que debe ser un error, y tratarse de «la *Gracia*», puesto que, si no, carecería de sentido.

la responsabilidad.[28bis] En 1931 una señora de la clase media decía: «Las mujeres debemos estarle agradecidas a la República, porque al concedernos el voto nos ha convertido de cosas en ciudadanas». Opinión rara entre las señoras. Utilizaron el voto, con pleno derecho. Hubiéramos querido para la marcha regular de la política española que el encono contra la República se desfogara votando. Pero a las señoras no les importa el voto, lo desprecian, no lo necesitan y en ciertos respectos no les conviene. Una señora percibe que numéricamente su voto siempre pesará menos que el de sus criadas. Sabe de sobra que su acción se ejerce con más fuerza en la familia, en el ambiente social. El influjo de la mujer en la vida pública española ha sido muy poderoso, sin parecerlo. Tanto, que de reducirse al sufragio, habría salido perdiendo. No hablo especialmente de las cacicas, algunas muy célebres, que en la monarquía y en la República han gobernado desde el hogar a sus importantes maridos. En general, dentro de la zona burguesa, que profesaba, por lo menos de labios afuera, un liberalismo mitigado, el dominio de la mujer era enorme, decisivo en ocasiones, porque en esas zonas de la sociedad española se reclutaba el personal de gobierno. Mi experiencia de abogado me ha hecho conocer muchas interioridades de familia y he visto casos que por su misma abundancia dejan de ser extraordinarios. Muchos varones españoles no han llegado a darse cuenta cabal de su posición como cabezas de familia. Abundan los mantenedores de una autoridad marital moruna. Se creen los amos. En un pie de igualdad se tendrían por deshonrados. «¡Cómo se entiende que la mujer...!» «¡Qué iba yo a tolerar...!» Con relegarla aparentemente a los cuida-

28bis. En la edición de Losada: «Desconocen las responsabilidades».

dos del hogar y envanecerse de ella cuando es bonita, mantienen una tradición que llaman española. A las mujeres mismas no les desagrada, sobre todo a las de clase burguesa, pequeña o grande, donde la libertad de trato está más cohibida y el temor al escándalo es mayor que en la clase alta. De una situación tan desigual se desquitan las mujeres con paciencia perseverante en cuantas cosas les importan de verdad, que no son, salvo casos de estúpida frivolidad, los trapos, las diversiones. Cuando los sentimientos religiosos o las preferencias políticas de marido y mujer difieren (caso frecuentísimo en la clase media), la paz del hogar se funda en la transigencia del marido, por muy alto que lleve el cogote calderoniano. Por eso afirmo paradójicamente que la igualdad de derechos para hombres y mujeres, o, como suele decirse, «la emancipación legal y política de la mujer», produciría a la larga el fruto inesperado de asegurar al marido una independencia, una libertad que con demasiada frecuencia no ejerce. Habiendo hijos, el dominio de la mujer se dilata en el porvenir. El amor maternal le presta mayor ardimiento para preservar a sus hijos de los peligros que la estremecen. Se imagina que la sociedad de su país debe ser la proyección agrandada del hogar doméstico. La conexión con la política es aquí inmediata, visible. El agnosticismo en que ordinariamente concluyen los católicos que pierden la fe, combinado con la necesidad de paz doméstica, aumenta la influencia de la mujer. Los hijos de los volterianos son alumnos de los jesuitas. Es uno de los motivos por que la burguesía española, nacida de la revolución liberal del siglo pasado, no ha llegado a formar un gran tronco social, ni a poseer a fondo el gobierno, ni a gobernar con doctrina y miras propias, ni a sobreponerse a los poderes contra los que originariamente se rebeló y cuyo quebranto y sumisión eran el primer artículo de su dominio: la corona, el ejército y la tutela política de Roma. Muchos no han dejado de ser monárquicos, aunque sea su afán menor; ceden fácilmente a la dictadura y entre ellos están los que han hecho del catolicismo un programa político... ¡Gigantesco dislate! Como burgués y católico lo repruebo. Amparar con la bandera de la religión una contienda rigurosamente política y social, es malo para la burguesía misma, que se desgarra, y para la religión, que se desacredita. El acento de cruzada religiosa que muchos enemigos de la República ponen sobre esta guerra se debe a las mujeres. Primero, porque tal es su sentimiento propio. Las más de ellas no ven otra cosa en la guerra. Segundo, como un obsequio que se les hace, para tenerlas propicias.

MORALES

Después de todo eso ¿cuál es la parte de las mujeres en el origen de la rebelión?

MARÓN

Es verdad. Se me ha ido el santo al cielo. Han contribuido a crear el ambiente propicio a un golpe de fuerza. Muchas no se recataban para instigar personalmente a los encargados de realizarlo. Los votos no bastaban[29] para derrocar la República. Cuando los acontecimientos políticos las irritaban (en eso mantenían su derecho, porque las opiniones son libres), he

29. En la edición de Losada: «bastan».

oído yo mismo a demasiadas señoras decirles a los militares: «¿Ustedes toleran esto? ¿Qué hace el ejército? ¿Cuándo se lanza?». No se daban cuenta de la gravedad de su propaganda. Las más de ellas habrán olvidado sus palabras imprudentes o estarán arrepentidas, como padecen en los mismos afectos que deseaban preservar. Sin advertirlo, lanzaron a la muerte a sus maridos, a sus hijos. No las recrimino, las compadezco. Sírvales de excusa su ignorancia. Un acto de fuerza les parecía fácil, inofensivo, brillante como una revista militar.

MORALES

Tal vez estemos equivocados sobre los verdaderos sentimientos de la mujer en esta guerra. En todo caso me parece injusto, o, si usted lo prefiere, inexacto achacar en general ciertos enconos a una pasioncilla irritada ni a la simple ignorancia. He tratado en Valencia a una señora de gran posición, muy bondadosa, incapaz de hacer daño a una mosca. Comentando en su presencia las atrocidades que los rebeldes han hecho en Sevilla, la señora,[30] compungida, decía: «Sí, sí. Ha habido que castigar mucho».

PAQUITA

¿Y no la denunció usted?

30. En la edición de Losada falta la coma después de «señora»

MORALES

¡Estaría bueno!

PAQUITA

A quien hablase así de nosotros en la otra banda le fusilarían.

MORALES

No lo niego, pero nosotros, yo cuando menos, no estamos en la otra banda. Cito el caso porque, en mi opinión, el ánimo de las mujeres a que usted se ha referido viene muy del fondo, de un sistema menos analizado quizás en el corazón femenino y menos político que en el caletre del hombre, pero más duro de roer por el razonamiento y la prudencia. Las mujeres de ese temple podrán callarse si las circunstancias se lo imponen, pero no espere usted que cedan a ninguna reflexión. Más fácil le sería a usted convencer a cualquier general rebelde. En las pasiones que han dado pábulo a esta guerra advierto una terquedad exasperada, una algarabía frenética, un resentimiento irreconciliable puramente femeninos.[31] Será que algunos rasgos del carácter español se han refugiado intactos en la mujer y los representa mejor que el varón. «Más papista que el papa... La soga tras el caldero... Sostenella y no enmendalla...» Estas expre-

31. En la edición de Losada: «femenino».

siones de tan diverso origen, acuñada alguna de ellas para significar la hombría, reveladoras de que falta medida y sobra orgullo en la acción, las entiende y aplica la mujer más llanamente que el hombre. Creeremos con Marón que la voluntad femenina no está limada por la experiencia. De todos los presentes, nadie es más..., ¿cómo diré?, más enérgico que nuestra amable Paquita.

PAQUITA

Poco hace falta para eso.

BARCALA

A las mujeres, que, según usted, daban calor a la rebelión militar ¿de qué les disculpa su ignorancia?

MARÓN

De haber incitado a un hecho cruel. El triunfo parecía instantáneo y fácil. La perspectiva de una guerra civil atroz las[32] hubiese contenido. Como a muchos. Déjeme usted esta ilusión.

---

32. En la edición de Losada: «les».

Nadie podía dejar de prever la crueldad de la represión para después del triunfo instantáneo y hasta incruento, si hubiera sido posible, como el de 1923. Crueldad rigurosamente previsible, según la practican incluso en las provincias donde la rebelión no encontró resistencia. Preverla, debió bastar[33] para moderarse. ¿O es que la guerra civil espanta porque azota por igual a todos, pero no espantaba la represión, que había de recaer solamente sobre enemigos?

PASTRANA

Es caprichoso clasificar los sentimientos políticos según la diferencia de sexo. ¿Por qué le preocupan a usted especialmente las mujeres? En cada bando hay varones y hembras de muy diversa calidad de sentimientos. Los matices habría[34] que graduarlos sobre la totalidad de cada una de las masas en pugna, pero no agrupando a un lado las tiples, a otro los barítonos o los bajos, como en un orfeón.

GARCÉS

El temple de alma poco o nada tiene que ver con el sexo. En realidad, el hecho político de la rebelión se ha incubado al calor del miedo. El coco de la revolución social,

---

33. En la edición de Losada: «yastar».
34. En la edición de Losada: «había».

manejado por los propagandistas de la dictadura, le quitaba el sueño a mucha gente pacífica.[35] Un coco, en efecto, pero la mente política de los españoles tiene algo de infantil. Ha estado mal tomar a broma los efectos desmoralizantes de una aprensión tan fuerte, por infundada que fuese.[36] Añada usted, sobre todo en lo que concierne a las mujeres, el horror a las leyes laicas. Les habían hecho creer en el exterminio de la religión, en el reino del anticristo. Creencia compartida, autorizada, por algunos varones de talla, enfermos de ansiedad. Aunque los creyentes seguían oyendo misa, recibiendo los sacramentos y frecuentando los actos del culto; aunque el clero disfrutaba de libertad para atacar a los poderes públicos (la monarquía no se lo hubiera consentido), muchos, las mujeres especialmente, daban más crédito al hechizo de su fanatismo que a la experiencia personal de cada día. Así somos. Percibir exactamente lo que ocurre en torno nuestro, es virtud personal rara. Las muchedumbres no la conocen. En nuestro clima de visionarios, aquella virtud personal deja de parecerlo y se convierte tal vez en un estorbo, cuando no en un defecto injurioso. Mi comproba-

35. En la edición de Losada: «*política*», en lugar de «pacífica».
36. Merece la pena comparar este desengaño de Azaña con sus posturas optimistas de años anteriores. Por ejemplo, cuando, en su discurso «Tres generaciones del Ateneo», pronunciado el 20-XI-1930 (*Obras Completas,* tomo I, p. 635), decía: «Si me preguntan cómo será el *mañana* respondo que lo ignoro; además, no me importa. Tan sólo que el presente y su módulo podrido se destruyan. Si agitan el fantasma del caos social, me río. "Caos social" es muy necia expresión». Años más tarde, en su discurso en el campo de Comillas, Madrid, 20-X-1935 (*Obras Completas,* tomo III, p. 292), repetirá, aunque más prudentemente, expresiones parecidas (Azaña conoce ya el peligro, tiene consciencia de ello, pero aparenta, a nuestro juicio, ante sus electores una seguridad que, en el fondo de sí, ya no es tan firme como en 1930): «Yo no me hago el distraído y nosotros vemos el torrente popular que se nos viene encima, y a mí no me da miedo el torrente popular ni temo que nos amolle; la cuestión es saber dirigirlo, y para esto nunca os van a faltar hombres».

da ineptitud política se engendra de atenerme con rigor a lo demostrable. Un cartelón truculento es más poderoso que un raciocinio.

BARCALA

Visionarios eran los que dentro y fuera de España creyeron en el triunfo instantáneo de la rebelión.

MARÓN

En los militares, efecto de la deformación profesional. Se imaginaban que de su silencio benévolo dependía la vida de la República. Hablando el ejército a cañonazos ¿quién podría oponérsele? En los militares mismos y en quienes los han tomado de instrumento, ignorancia de la situación del país. Que la rebelión fracasara en Madrid y en la zona adonde pudo llegar la irradiación de la capital; que fracasara en Cataluña, en Levante hasta Málaga y en el norte, no fue pura casualidad. Sin los errores de ciertas personas, también habría fracasado en Zaragoza y Oviedo. En caso tal, con moros y sin moros, el movimiento estaba perdido.

PASTRANA

Sobre eso es vano disputar.

MARÓN

En todo caso, un hecho es innegable: si no bastaban los votos para derrocar la República, tampoco han bastado las armas de sus enemigos españoles, nada menos que la insurrección casi total del ejército, de la Guardia civil, de la Armada y de otras fuerzas. La República había arraigado más de lo que parecía.

RIVERA

También creían en la llaneza del triunfo las potencias que mantienen a costa de España la rebelión.

MORALES

No es seguro eso. Hay que discurrir por conjeturas. Observe usted que el auxilio militar extranjero, buscado de antemano por los insurrectos como resguardo o fianza de su empresa, otorgado con alegría por Italia y Alemania, a quienes gratuitamente se les venía a la mano una carta inesperada para su juego europeo, indica que unos y otros admitían la posibilidad de necesitarlo. En qué cuantía, es otra cuestión. Que las fuerzas auxiliares se hayan convertido en fuerza principal y la triste rebelión, protegida desde fuera, en una guerra de conquista a cargo de los protectores, les habrá sorprendido. Si los rebeldes españoles conocían mal la situación del país y lo que podía valer la resistencia de la República, los déspotas extranjeros desconocían, además de todo eso, la fuerza cabal de los insurrectos. Al parecer, el Gobierno italiano estaba mejor informado sobre la eventual política británica en el caso de España, que sobre la situación real de España misma. Por eso ha jugado con menos riesgo en Londres que en la Península. A Italia y Alemania les han faltado esta vez buenos traductores de las cosas españolas. ¡Sí, sí: buenos traductores! Las cosas españolas no quedan bien traducidas a una lengua extranjera, ni pueden, por tanto, entenderse rectamente con la simple traducción literal de los nombres. Así, siendo equivalentes las palabras, no denotan lo mismo. Traducidas al idioma de cualquier gran país ciertas palabras, por ejemplo: regimiento, universidad, obispo, escuadra, catolicismo, masonería, ametralladora, general, escuela, reforma agraria, etc., la representación de lo español que adquiere el extranjero mediante la versión de tales palabras, es falsa. No me sorprende que si un día les presentaron a los Gobiernos de Italia y Alemania el alarde de fuerzas que manejarían los rebeldes (es decir, la traducción de una lista de nombres), discurriesen por comparación con sus países: «A eso no hay quien resista», y se resolvieron a comanditar un negocio malo o dudoso. Sorpresa de la resistencia, fallas del negocio. Ahora han de continuarlo por su cuenta para salvar la puesta o en espera de traspasar la comandita. Que el costo y los riesgos hayan sido muy superiores a sus cálculos no es motivo para creer que de todos modos no lo hubiesen emprendido. Los sucesos me inducen a suponer que sí, porque no es cuestión de más o de menos. Habiendo algo que temer, tan peligroso era tentar el hierro como tirarse a fondo. Su exquisita información de los fines y medios de otros Gobiernos les ha permitido desafiar a los impotentes y ensordecer la cuadra con relinchos a que nadie responde. No obstante, en el capítulo de la facilidad y la tolerancia, la realidad ha sobrepujado a sus deseos. Podían confiar en la impotencia de sus rivales ¡pero en la complicidad...! Pues hasta eso tienen.

GARCÉS

Es lo principal. Enumerados por orden de su importancia, de mayor a menor, los enemigos de la República son: la política franco-inglesa; la intervención armada de Italia y Alemania;[37] los desmanes, la indisciplina y los fines subalternos que han menoscabado la reputación de la República y la autoridad del Gobierno; por último, las fuerzas propias de los rebeldes. ¿Dónde estarían ahora los sublevados de julio, si las otras tres causas, singularmente la primera, no hubiesen obrado a su favor?

BARCALA

Si la República pereciese y España recayera en un despotismo de militares y clérigos, se lo deberíamos a esa farsa de Ginebra, que nos pareció el escudo de los pueblos débiles, y en último término, a las grandes impotencias democráticas, no por rehusarnos el auxilio que nadie les pediría, sino por prohibir el ejercicio de sus derechos más claros a un Gobier-

---

37. TAMAMES, en su controvertido libro *La República. La era de Franco,* Alianza Editorial-Alfaguara, Madrid, 1973, pp. 268 a 284, también mantiene esta opinión del peso decisivo en la guerra civil de la ayuda italiana y alemana a Franco. En cambio, Ramón SALAS, en su *Historia del Ejército Popular de la República,* Editora Nacional, Madrid, 1973, tomo II, pp. 2105 a 2161, opina que la ayuda germano-italiana a Franco fue menor que la soviética a la República.

no reconocido, con quien mantienen amistad oficial. ¡Inicuo! Ya lo pagarán.

GARCÉS

No se deje usted llevar del resentimiento. Nuestra desventura es tal, que si los pueblos en que usted piensa pagaran su yerro, perderíamos más aún, en el presente y en el futuro. Somos demasiado débiles y eso determina la iniquidad.

LLUCH

Inicuo sería si las relaciones entre Estados se gobernasen por un sistema de derechos y obligaciones. Estamos lejos de llegar a tanto. Pisotear el poderoso los derechos del débil no es más inicuo que tragarse el pez gordo al pez chico. Claro: nuestro conflicto ocurre entre hombres que tienen conciencia y pensamiento. Poseemos desde hace siglos la idea de justicia. Por eso hablamos de derechos. Es una perspectiva, una contemplación del espíritu. No más.

MARÓN

La Sociedad de Naciones nació para realizar el derecho internacional.

¿Pero llegó siquiera a formarse? Que los Estados del mundo, abstracción hecha del poder y las conveniencias de cada uno, estableciesen una especie de república igualitaria, bajo el rasero del derecho, fue ilusión de profesor, alentada por el espíritu de guerra aliadófilo. Aleteó en el optimismo esparcido al disiparse la pesadilla de la guerra. Usted sabe que duró poco. De hecho, la sociedad universal de las naciones nunca estuvo completa. Respecto de Europa, al hundirse la escuadra alemana en Scapa Flow, cambiaron las miras de la política británica sobre el continente. No pareció mal suscitar estorbos a la preponderancia francesa. Se volvió a la política de contrapesos, de equilibrio. Todos saldremos perdiendo. La conducta seguida con España aplica ese sistema. Tampoco están muy en su punto los aspavientos ante la indiferencia o la hostilidad poco disimulada de las grandes democracias. Es mucha tosquedad representarse las relaciones entre Estados como si la semejanza o la diferencia de sus regímenes políticos las determinasen o debieran determinarlas. Sería disparatado encarrilar de esa manera la acción exterior de un país. A Francia, a Inglaterra, les importa que el Gobierno español les sea amigo, aliado o servicial. El color político del Gobierno queda en segundo término. Más aún: en ambos países muchos demócratas creen buena la democracia para ellos, pero impropia de España, demasiado bárbara todavía...

MORALES

A veces nuestra conducta no los desmiente.

... Me dirán que de una democracia española sería más verosímil esperar una conducta amistosa. Pero el espacio entre lo probable y lo seguro está dominado por las circunstancias. Ahora mismo sufrimos la contraprueba: nuestra democracia no ha sido más aliciente que nuestro derecho para atraer, no ya el auxilio, pero ni la benevolencia de la política franco-británica. A lo mejor, en situación inversa, a todos nos parecería muy cuerdo observar esa misma conducta. Ya sucedió en 1914. ¿No estaremos ahora pagando el precio de aquella neutralidad? El vulgo se las traga como puños, pero guardémonos nosotros de caer en la trampa de las «ideologías» y de reclamar o reprochar nada en su nombre. En paz y en guerra los Estados se agrupan por otros motivos. Estoy lejos de censurarlo. Es indudable que el triunfo del pangermanismo en 1914 habría sido una desgracia. ¿Íbamos, a pesar de eso, a tener al zar o al mikado como auténticos soldados de la libertad y de la emancipación de los pueblos? Si la República Española hubiese tendido la mano a la[38] Italia fascista y entrado en su sistema para favorecer a costa de Francia las pretensiones a una hegemonía sobre el Mediterráneo que nunca ha de venir a nuestras manos, el duce habría proclamado que la República Española era un arquetipo platónico. ¿Despropósito? No. El despropósito es que hayamos dejado de hacerlo gratis.

---

38. En la edición de Losada: «la mano a Italia».

¡Pobre del que lo hubiera propuesto!

PASTRANA

No lo niego. Algún barrunto tengo de eso. Ejemplo de extravío vulgar, dentro y fuera de España, sobre los móviles de una política exterior, es el aprecio en que se tiene el auxilio de la U.R.S.S. Ha venido a ocupar la U.R.S.S. en la contienda de España el lugar que otros han dejado vacante. Es normal que el sentimiento popular, lastimado por ciertas sequedades, se haya corrido hacia esa parte y vea en la U.R.S.S. nuestra salvaguardia. Si Francia e Inglaterra nos hubieran respetado el derecho de comprar armas en sus mercados, el papel militar y político de la U.R.S.S. habría sido aquí igual a cero. ¿De qué se quejan? Es notable que la propaganda italiana y alemana, la que fabrican los rebeldes en sus territorios, el señoritismo de algunos emigrados, los papanatas de todos los países, unidos naturalmente sin recomendación de nadie, y una parte de nuestra propia opinión, coincidan en falsificar la conducta de la U.R.S.S., achacándola a proselitismo comunista. Todos engañan y casi todos se engañan. Casi todos, porque los directores de la política alemana e italiana, enterados de la realidad, no pueden engañarse. Siendo las demás circunstancias iguales, la U.R.S.S. habría vendido armas al Gobierno de la República aunque en España no hubiese habido un solo comunista. Los burgueses de Francia firman con la U.R.S.S. un pacto cuya utilidad depende del auxilio militar que la Unión Soviética podría prestarles, pero se asustan cuando su aliada comunista nos provee de material para defendernos de aquellas mismas potencias que amenazan a Francia, contra las cuales se dirige el pacto. La cantilena de las «ideologías» es un engañabobos. Están en litigio intereses nacionales, está en litigio la seguridad de unos, la preponderancia de otros. Si la República Española pereciese a manos de los extranjeros, Inglaterra y Francia (sobre todo Francia), habrían perdido la primera campaña de la guerra futura.

MARÓN

Nunca les faltarían arbitrios para entenderse con el vencedor.

BARCALA

Sobre todo que, si ganaran los rebeldes, no podrían ser ingratos con Inglaterra.

GARCÉS

Con eso tejerán los doctos un capítulo de la historia política de Europa no más negro que otro cualquiera. No desconozco su importancia. Admito, incluso, que la decisión de nuestro drama se pronunciará más allá de las fronteras. A pesar de eso, el tema que me apasiona, el enigma que me confunde son otros. Mi punto de vista español está más alto, lo digo sin rodeos, que el resultado mismo de la guerra. Ganaremos, perderemos. Bien. ¿Por qué ha sido necesario que ganemos o perdamos una guerra los unos o los otros? ¿Qué padecen los españoles para lanzarse a esta locura? No hablen ustedes de la política de las derechas o de las izquierdas. No me basta. ¿Qué aberración fascinante arrastra a los promotores de este crimen contra la nación y a quienes les secundan? El hecho escandaloso, el más demostrativo, es la invasión extranjera. Ejércitos italianos y alemanes conquistan la Península para decidir en provecho de sus países nuestra guerra civil. Ustedes barajan este suceso con los datos de la política europea. Tampoco basta. La invasión extranjera es un hecho español. No lo olvidemos. Una porción de españoles ha pedido y admitido la entrada de los ejércitos extranjeros. De otra manera, no habría invasión. Con tal de reventar a los demás compatriotas, entregan la Península a un conquistador. Fuera de España, el caso no tiene semejanza en la historia contemporánea. Recuerda algunas intervenciones en las guerras de religión, cuando el sentimiento nacional y la moral del patriotismo no estaban en el mismo punto que hoy. ¿Qué regresión monstruosa padece nuestro país? ¿O no hay regresión, y nos habíamos engañado acerca de su progreso?

RIVERA

La frontera social y la religiosa les importan más que la frontera nacional.

Entonces, la nación no existe.

PASTRANA

Será que el patriotismo nacional ha agotado su fuerza de cohesión. Otros impulsos más apremiantes producen agrupaciones nuevas, por encima de las fronteras. El patriotismo puede esperar.

MARÓN

Habló el socialista.

PASTRANA

Socialista y cuanto usted quiera, nunca he dejado de ser español. Desde esta guerra, lo soy a rabiar. Pero no me negará usted que la Internacional de los proletarios es acaso la menos fuerte de todas.

MORALES

En nuestra guerra, las tesis del patriotismo nacional, que pretende integrar en una expresión común intereses y clases divergentes, son las de la República, sostenida por burgueses

y proletarios. Por su parte, la rebelión que se llama nacionalista y exalta el españolismo, provoca y utiliza la violación de
las fronteras para aniquilar a la fracción más numerosa del país,
como si todo lo que representan el liberalismo burgués y el
obrerismo no fuese también nacional.

BARCALA

¡El diablo que entienda a este país!

MORALES

La sociedad española busca, hace más de cien años, un
asentamiento firme. No lo encuentra. No sabe construirlo. La
expresión política de este desbarajuste se halla en los golpes
de Estado, pronunciamientos, dictaduras, guerras civiles, des-
tronamientos y restauraciones de nuestro siglo XIX. La guerra
presente, en lo que tiene de conflicto interno español, es una
peripecia grandiosa de aquella historia. No será la última. En
su corta vida, la República no ha inventado ni suscitado las
fuerzas que la destrozan. Durante años, ingentes realidades
españolas estaban como sofocadas o retenidas. En todo caso,
se aparentaba desconocerlas. La República, al romper una
ficción, las ha sacado a luz. No ha podido ni dominarlas ni
atraérselas, y desde el comienzo la han atenazado. Quisiéralo
o no, la República había de ser una solución de término
medio. He oído decir que la República, como régimen nacional, no podía fundarse en ningún extremismo. Evidente.
Lo malo es que el acuerdo sobre el punto medio no se logra.

Aquellas realidades españolas, al arrojarse unas contra otras para aniquilarse, rompen el equilibrio que les brindaba la República y la hacen astillas. En cierta ocasión escribí que entre los valedores de la República debía establecerse un convenio, un pacto como aquel que se atribuyó a los valedores de la Restauración. No me hicieron caso, es claro. ¿Por qué habían de hacérmelo? Hemos visto ya desde 1932 a ciertos republicanos conspirar con los militares; y a otros (los menos) desfogar su impotente ambición personal en una demagogia descabezada. Pero un régimen que aspire a durar necesita una táctica basada en un sistema de convenciones. Más lo necesitaba la República, recién nacida, sin larga preparación política, entre el estupor pasajero de sus enemigos tradicionales y la aquiescencia condicional, reticente, amenazadora, de algunas masas. Tenía que esquivar la anarquía y la dictadura, que crecen sin cultivo en España. Conocida la realidad, era indispensable el convenio táctico. No quiere decir engaño ni farsa. Por lo visto, nuestro clima no es favorable a la sabiduría política. La República, dando bandazos, ha venido a estrellarse en los abruptos contrastes del país.

PASTRANA

Desconfío de las síntesis históricas, sobre todo cuando tienden a probar que la batalla de Lérida no debió perderse. Usted no está al corriente de lo que ha pasado, ni del valor de ciertas acciones personales en tal o cual coyuntura. La realidad ha sido más sencilla y tal vez más lamentable.

BARCALA

Como sea, no tiene remedio. Borrón y cuenta nueva. Nos han traído a esta situación. La aprovecharemos para un ajuste definitivo.

MORALES

¡Borrón y cuenta nueva! ¡Qué candor! ¿Por qué da usted ese tajo en la experiencia? Todo esto existía ayer, cargado de todo esto nacerá el mañana. Pensar otra cosa es una simpleza de programa político.

BARCALA

Gracias. Yo le aseguro a usted que la guerra y la revolución acabarán con esas realidades españolas que la República no ha podido dominar.

MORALES

¿Va usted a matar a todos sus enemigos?

BARCALA

No quiero matar a nadie. Pero la revolución y la guerra en que nos han metido los destruirán.

MARÓN

Por su parte, ellos, en el terreno que dominan, predican con el ejemplo.

MORALES

¿Así, la mitad de España pasará a cuchillo a la otra mitad?

GARCÉS

Ninguna política puede fundarse en la decisión de exterminar al adversario. Es locura, y en todo caso irrealizable. No hablo de su ilicitud, porque en tal estado de frenesí nadie admite una calificación moral. Millares de personas pueden perecer, pero no el sentimiento que las anima. Me dirán que exterminados cuantos sienten de cierta manera, tal sentimiento desaparecerá, no habiendo más personas para llevarlo. Pero el aniquilamiento es imposible y el hecho mismo de acometerlo propala lo que se pretende desarraigar. La compasión por las víctimas, el furor, la venganza, favorecen el contagio en almas nuevas. El sacrificio cruel suscita una emulación simpática que puede no ser puramente vengativa y de desquite, sino elevada, noble. La persecución produce vértigo, atrae como el abismo. El riesgo es tentador. Mucho puede el terror, pero su falla consiste en que él mismo engendra la fuerza que lo aniquile y al oprimirla multiplica su poder expansivo.

La posesión del poder es para aprovecharla a fondo contra el enemigo.

GARCÉS

El mayor dislate que puede cometerse en la acción es conducirla como si se tuviera la omnipotencia en la mano y la eternidad por delante. Todo es limitado, temporal, a la medida del hombre. Nada lo es tanto como el poder. Esta convicción opera en el fondo de mi alma como freno invisible, yo mismo no percibo su presencia, y modera todos mis actos. Efecto durable de mi antigua hechura intelectual y moral. En el orden de los negocios humanos, esta cordura reemplaza a las nociones cristianas de responsabilidad, de rendición de cuentas y expiación. Es la moral de Segismundo, que le decidió a ser prudente, no fuese a despertar de nuevo en la torre.

BARCALA

Todo eso es cálculo frío del moderantismo. No resiste la prueba de la realidad.

GARCÉS

Cálculo, es decir, razón. ¿Por qué no? La razón no es fría ni caliente. Eso se queda para las entrañas. Lo que usted llama la realidad, solamente puede ser conocido, pensado y organizado en orden a la conducta, mediante la razón. Habla usted de moderantismo, dando al vocablo una significación baja, despectiva, como si la moderación fuese mero empirismo, que recorta por timidez las alas de la novedad. No es eso. La moderación, la cordura, la prudencia de que yo hablo, estrictamente razonables, se fundan en el conocimiento de la realidad, es decir, en la exactitud. Estoy persuadido de que el caletre español es incompatible con la exactitud: mis observaciones de esta temporada lo comprueban. Nos conducimos como gente sin razón, sin caletre. ¿Es preferible conducirse como toros bravos y arrojarse a ojos cerrados sobre el engaño? Si el toro tuviese uso de razón no habría corridas.

BARCALA

Pero se admite que los toreros y el público tienen uso de razón y organizan corridas.

GARCÉS

Porque van a triunfar del que no la tiene.

BARCALA

A veces el toro, irracional, mata al torero. Quiero decir, que la cordura, la razón, la exactitud no sirven de nada delante de la violencia tumultuosa.

Entonces se necesitan como nunca. En una borrasca deshecha ¿qué hará el piloto? ¿Embriagarse o poner a contribución su arte para salvar el navío?

BARCALA

La imagen no sirve, no demuestra nada. Se trata de borrascas en el seno de una sociedad, no de temporales en la mar. El piloto no puede pasarse, como si dijéramos, al partido de las olas, ni puede juzgarlas. Son una fuerza natural, desprovista de intenciones. La tormenta que estamos corriendo no es alboroto momentáneo, pasajero, sin objeto. Se propone construir, destruir, declara unos propósitos, buenos o malos. La violencia, el terror, le sirven de instrumentos. El terror es condenable, pero importa más saber quién tiene razón. Lo otro es secundario. Como usted adviere, me aproximo a su punto de vista.

GARCÉS

De ningún modo. La cuestión no se plantea por averiguar quién de los bandos españoles tiene más derecho a dirigir el país. Surge de haberse apelado a la violencia, al terror, para imponer a los contrarios la razón que se cree tener, y para exterminarlos si fuese posible. Y del hecho de haber los agredidos apelado también al terror para defenderse. Es un despropósito inmoral y un dislate político separar la intención de una causa de los medios empleados para su triunfo. El terror es innecesario para el logro de lo duradero, y más que ayudarlo lo compromete. Es inútil para el logro de lo imposible. Lo que se obtiene o se funda a fuerza de salvajadas, dura poco, y como no pueden ser permanentes, en cuanto las salvajadas cesan, lo inventado a su sombra siniestra se extingue como lumbre de paja. Los rebeldes han fusilado en Sevilla y su provincia unos cuantos millares de personas. Los necios se echarán esta cuenta: «Otros tantos anarquistas menos». Su sorpresa será terrible cuando adviertan que los millares de muertos producen miles de revolucionarios más. La observación vale para todos.

BARCALA

Usted se cierne en las alturas y pretende juzgar a los vivos y a los muertos como ser superior.

GARCÉS

No juzgo. Discuta mis razones si quiere, refútelas, pero no me haga reproches.

BARCALA

De refutarlas se encargan las circunstancias. Lo que usted piensa no sirve para nada. Nadie le escucha. En el otro bando le aborrecen por estar con nosotros, y en éste le volverán la espalda porque no se entrega a fondo.

GARCÉS

Tal es el rigor de mi destino. Lo conozco bien.

BARCALA

A lo mejor le halaga a usted la soberbia el verse solo, creyendo acertar contra todos y lo prefiere a compartir un sentimiento general.

GARCÉS

No. En la razón política no veo un placer estético, sino la utilidad. Quisiera verla esparcida. Es también dudoso que esté solo. Mucha más gente de la que usted supone comparte mi parecer. Si yo fuese hombre de acción se lo probaría rápidamente. No siéndolo, me contento con mi discurso personal. Andando el tiempo, cuando el estrépito y el estrago sean confusas memorias, quizás haya alguna persona inteligente para decir que yo tenía razón, si se produce el fenómeno de que mis opiniones sean conocidas. Para entonces ya se habrá obtenido la resultante de este choque y también se habrá hecho el descubrimiento de que hemos dado un rodeo pavoroso, para obtener lo que estaba al alcance de la mano. Y que nos hemos degollado y arruinado estúpidamente.

BARCALA

Nos batimos por la libertad, por la vida y el pan de millones de seres, por la justicia, por la revolución.

GARCÉS

Vamos por partes. En primer lugar sacaré de ese plural «nos batimos» a mi humilde persona y a la de usted. Ninguno de nosotros dos se bate, a no ser con palabras, que no matan. Y segundo y principal, digo que usted confunde la peripecia presente en que nos va todo eso y mucho más, pero que es accidente y fugaz, con el resultado duradero del conflicto. ¡La justicia, la libertad, el pan! Sin duda. Pero lo angustioso de este drama sin desenlace consiste en que cuando parezca acabado no tendremos más justicia, más libertad ni más pan que antes.

BARCALA

Entonces, para ser lógicos, cuando se sublevaron los militares, debimos someternos a su tiranía.

GARCÉS

Admito que no tiene usted intención de insultarme. ¿Someterse? De ninguna manera. La ley, el derecho, el orden estaban de nuestra parte. Cuanto he dicho denota el valor que tienen para mí esas palabras. Había que[39] resistir y vencer. Esta necesidad, este deber constituye de por sí una desgracia irreparable, correspondiente a lo monstruoso del atentado. Lo más grave del crimen de la rebelión es que ha creado un enredo inextricable, sin salida satisfactoria, ni provecho posible para el país, en ningún orden. En esto pensaba al decirle que no confundiera la peripecia actual con el valor duradero del resultado. Ahora, es claro, se ventila la suerte de millones de seres. Si triunfasen los rebeldes, a los miles que han fusilado añadirían otros tantos; casi ninguno de los aquí presentes se libraría de la muerte. Si triunfa el Gobierno, el estrago popular, ingobernable, será tremendo. Formado un Himalaya de cadáveres, cuando nada quede por quemar ni matar, si triunfamos nosotros, no tendremos más libertad ni mejor justicia, ni más riqueza, sino un poco peor y un poco menos de todo eso. ¡Y no le digo a usted si triunfasen los rebeldes! Tampoco ellos gozarían de más autoridad ni de más respeto ni de más orden que antes. Reconózcame usted el derecho de entristecerme humildemente.

BARCALA

Pero usted se olvida de la revolución. Existe para que nuestra indudable victoria no sea estéril, y acaso lo fuese en las condiciones que usted pinta. El pueblo se encargará de que la victoria fructifique. No se combate solamente para derrotar a los rebeldes, sino para sacar adelante la revolución.

---

39. En la edición de Losada: «de», en lugar de «que».

GARCÉS

Por excusar enojos me abstengo de analizar el contenido, el pensamiento, los hechos que usted comprende en
ese nombre. Me limito a recordarle que, al convocarnos para
la resistencia, un Gobierno republicano nos convocaba a
defender la República, sus leyes, su legitimidad, etcétera.
Todos cabíamos en el llamamiento. Los hechos a cuyo conjunto llama usted revolución, han ido produciéndose como
abundancia de desorden. Ahora usted y muchos proclaman
que ha de defenderse su obra. Será una consigna oficiosa,
pero no es la verdad oficial y más vale, porque adoptada
oficialmente engendraría una posición desastrosa. Se lo demuestra a usted la contraprueba: Nosotros podemos acusar
a los rebeldes de haber desconocido y atropellado la legalidad republicana, y formarles proceso sobre ello. Pero sería
absurdo acusarles de desacatar la revolución que nadie había
implantado ni nadie ha legalizado ni reconocido. Mientras
mantengamos contra los rebeldes la República legal, todos
los yerros estarán de su parte. Si nos empeñásemos en mantener contra ellos y hacerles acatar ahora una revolución, su
culpa original subsistiría, agravada por el estallido revolucionario que han provocado, pero tendrían derecho a des-
conocerla y no servirla. Si obligados a pedir la paz, hubieran
de someterse a la justicia, la que se les hiciera, para ser lim-
pia, tendría que hacérseles en nombre de la ley de la República, no en nombre de la revolución. Por fortuna, no son
bastante listos para aprovecharse de una posible suplantación
de la legalidad, pero fuera de España, quienes no son los
rebeldes perciben la importancia del caso y cuando nosotros
invocamos con razón nuestra legalidad podrían preguntarnos,

y acaso nos preguntan, en qué legalidad vivimos. El daño es inmensurable.

MARÓN

Una transformación social en España era inevitable y dentro de ciertos límites, provechosa, justa. La República quiso emprenderla por sus medios. El intento y la estúpida leyenda de la amenaza comunista, han dado pretexto y temas a la rebelión militar. Producido el alzamiento, era fatal la repercusión en el otro lado. La indisciplina militar sirvió de acicate a otras indisciplinas. El río se ha desbordado por ambas márgenes. La República flota todavía en medio de la corriente. Empeñarse en remontarla habría sido naufragio seguro, perdiéndose todo, lo legal y lo revolucionario. Que existe de hecho una revolución, no lo desconocerá usted. Tampoco niego que será menester ordenarla, consolidarla. A su sombra se han cometido desmanes y crímenes. Siempre pasa lo mismo en la revolución.

GARCÉS

En efecto, siempre pasa lo mismo, no solamente en materia de crímenes, sino en la totalidad del curso revolucionario y en su desenlace. Lo importante en una revolución es su contenido político, su pensamiento, su autoridad, su capacidad organizadora y su eficacia con respecto de los fines que la desatan. En todos estos capítulos, el haber de lo que ustedes llaman revolución, viene a ser cero, como no presente todavía un desfalco. Si ustedes se empeñan en poner en la cuenta de la revolución los crímenes cometidos, le hacen ustedes un flaco servicio, porque en su haber no hay apenas otra cosa. Más valiera reconocer la verdad y declarar que no son obra de la revolución, sino de la criminalidad latente, desatada por la venganza, la codicia, el odio, la impunidad y la simple lujuria de la sangre. Es estúpido decir que en las revoluciones siempre hay crímenes. Aunque los haya siempre, no dejan de ser odiosos. Soy más generoso que ustedes con la revolución, abortada y descabezada, y los quito de su cuenta. El odio inextinguible azota a los españoles. Es falso llamarlo odio de clases. Dentro de cada clase el odio hace estragos. Ahí están las sindicales asesinándose guapamente, y los burgueses de la rebelión fusilan en racimos a los burgueses del frente popular. Los rebeldes pretenden restaurar el principio de autoridad, basado en la obediencia ciega y en suprimir la libertad de opinión. El principio de autoridad así entendido padece sed de sangre. La autoridad se atribuye la potestad de disponer de la vida de los súbditos. Los rebeldes se conducen como si discurriesen así: Cuantas más gentes matemos, mayor será nuestra autoridad. El móvil del odio se enmascara de un propósito político y obra maravillas. De este lado la ferocidad del odio parecía colorearse de un razonamiento vicioso: En todas las revoluciones hay crímenes. Como ahora hay crímenes, es que estamos en revolución. O más aún: A fuerza de crímenes habrá revolución.

BARCALA

El derramamiento de sangre nos repugna a todos. A usted, la repugnancia le ofusca y no comprende el momento revolucionario que vivimos.

Seguramente. Nadie hay menos sujeto que yo al momento, sea o no revolucionario. Procuro no someterme, en cuanto de mi depende. Nadie menos «momentáneo», si puedo decirlo así. Creo obligatorio salirse de esos límites y ver más lejos, en el pasado y en el futuro. Cuando no se haga así ¿qué tendremos? Aturdimiento, puerilidad, novatadas y fracaso.

MARÓN

En suma, si nuestro amigo no se enfada, me atreveré a decir que es usted un caso de arcaísmo político. Está usted dominado por el sentimentalismo liberal del siglo XIX que no se lleva en nuestra edad de hierro.

GARCÉS

Eso mismo dicen los rebeldes de algunos de nosotros, queriendo ponernos en ridículo por no ser tan modernos como ellos. La validez de un criterio político no depende de su ranciedad o novedad. ¡Cosa más antigua que el imponerse a estacazos! Si le parezco a usted arcaico no me sitúe en el siglo diecinueve. El fondo de mi pensamiento data del siglo IV antes de Jesucristo. ¡Soy veintitrés siglos más viejo! Quien está metido en el siglo diecinueve hasta la coronilla son ustedes, lo mismo en los temas capitales de su posición que en los accidentes pintorescos. El propósito político y social de la

República era de aquel siglo. Se quería hacer un poco de revolución francesa, combinada con la economía dirigida y el estatismo

Era inexcusable por nuestro retraso político. En España no se había consumado la revolución liberal.

No lo discuto. Digo que es así. La Internacional y todo el marxismo de ustedes ¿qué edad tienen? El anarquismo, de cuya importancia en España acabo de oír elogios inesperados en boca de un estadista republicano, es de la misma data. El nacionalismo en que se inspira modernamente el inveterado sentimiento localista español procede de la revolución. La desastrosa consigna de que esta guerra es contra el fascismo internacional parece lejano remedo de la legendaria «guerra a los reyes» de 1792. La impotencia para organizar una guerra de Estado, una disciplina de Estado, nace de una comprensión monstruosa de la soberanía popular. El militarismo demagógico, de que ha hablado recientemente el Presidente de la República, no se ha cuajado todavía en cesarismo porque nos falta el caudillo militar que obtenga la victoria o la personifique. Ésta podría ser una de las salidas de la situación presente, yendo bien las cosas. Si fuesen mal y la guerra se perdiera, tendríamos una *Commune* en Barcelona, en Valencia, no sé dónde. En suma: Estamos enredados en una maraña muy siglo

xix. El siglo xix político no[40] encaja en los términos estrictos del calendario. Empezó en 1789 y concluyó en 1914. A nosotros nos toca desollar el rabito. Será por nuestro atraso político, como dice usted.

BARCALA

¡Discursos! Sea del 19 o del 25, España alumbra una nueva civilización. Es un hecho grandioso.

GARCÉS

Es un parto distócico en que nos falta el tocólogo. Sobran comadronas y vecinas oficiosas.

BARCALA

Usted no cree en la potencia creadora del pueblo.

GARCÉS

¡1848! Palabras, palabras. El pueblo no sabe regular el tiro de la artillería, ni fabricar un avión, ni negociar alianzas.

---

40. En la edición de Losada: «nos».

BARCALA

Usted es, con su lógica, más anarquista que la F.A.I., un disolvente, un derrotista.

GARCÉS

Mientras no me llamen ustedes faccioso, todo va bien. No me enojo. Si le hago a usted una cuenta y la suma le espanta ¿qué culpa tengo? ¿Puede usted rectificar alguno de los sumandos? Seguramente, no.

BARCALA

Entonces todo es locura, idiotez, crimen. ¿Para usted no hay nada respetable en nuestra causa?

GARCÉS

¡Cómo! Hay dos cosas respetables y si me atreviera a emplear vocablos pomposos, diría que sagradas: una es la causa misma de la República, su derecho; otra es el sacrificio de los combatientes, que arrostran la muerte o la padecen abnegadamente. Lo demás está sujeto a las disputas de los hombres. No pretendo disputar. Me permito opinar como cualquier otro.

Pero en las opiniones de usted hay no sé qué de acerbo, de hostil, que no parece de un amigo.

GARCÉS

Pues me callo. La discusión me ha llevado a confesar mi descorazonamiento por el futuro de España. Estoy desolado por el fracaso de la República y sus consecuencias. La amargura se filtra en mis palabras y les presta un sabor que puede engañar. Para concluir amistosamente, lo resumo en un emblema de España. ¿Quieren ustedes oírlo? Ahí va: ustedes conocen, de nombre por lo menos, un pueblecito cercano de Madrid: Ciempozuelos. Hay en él o había dos manicomios. Al producirse el ataque a Madrid, Ciempozuelos quedó entre las dos líneas, sin que los unos pudieran conservarlo ni los otros ocuparlo. No era de nadie. Ignoro si continúa lo mismo. Un conocido mío, destinado en las inmediaciones, acertó a introducirse solo en Ciempozuelos. Todo el vecindario había huido. El pueblo estaba desierto, salvo que los locos, quebrantadas las puertas de su encierro, campaban por sus respetos. Solamente los locos. Me parece innecesario explicarles a ustedes, rasgo por rasgo,[41] la exactitud de este problema español. Si quieren prolongarlo con la fantasía, veamos cómo tratará cada banda el caso de Ciempozuelos. Si entran los autoritarios, los rebeldes, fusilarán a la mitad más uno de los locos, que no habrán dejado de decir palabras imprudentes acerca de la libertad, y a los restan-

41. En la edición de Losada falta la coma después de «rasgo».

tes los encerrarán a viva fuerza. Si entran los del Gobierno, convocarán a los locos, y un representante del Frente Popular les pronunciará[42] un discurso, inculcándoles que se dejen encerrar. No se dejarán. Entonces se nombrará un comité mixto en el que tendrán representación los locos, y por transacción se acordará encerrar al 25% de ellos. Los otros permanecerán sueltos, y para garantía, los locos tendrán dos puestos en el nuevo Ayuntamiento. Cuando se trate de elegir alcalde, reñirán todos, y los locos se retirarán dignamente del comité mixto y del Ayuntamiento. No hay más.

MARÓN

Es una caricatura cruel.

GARCÉS

No lo niego. Las caricaturas crueles revelan mucho. ¿Ha probado usted a conocer su semblante mirando las que le hacen?

BARCALA

De cuanto ha dicho este amigo lo más frágil es oponer a la violencia de la revolución el valor de ciertas normas de pensamiento y de acción que el movimiento revolucionario

42. En la edición de Losada: «pronunciaría».

pisotea. Puede aspirarse a que la revolución misma las rehabilite, se las apropie y entre en ellas, infundiéndoles nuevo contenido. Es el caso de la revolución triunfante. Pero mientras no triunfa, su marcha parece escandalosa y ruinosa.

RIVERA

De lo que acaba usted de decir deduzco que la revolución no ha triunfado todavía. Si[43] tampoco ha sido vencida ni ha abortado, es que sigue su curso ascendente. En ese estado, una revolución va contra algo, pugna por algo. El Gobierno ¿dirige la revolución?

BARCALA

En modo alguno.

RIVERA

¿Va contra el Gobierno?

BARCALA

Abiertamente, no.

43. En la edición de Losada: «*ni*».

RIVERA

¿Contra qué?

BARCALA

Contra la clase burguesa y el orden capitalista.

RIVERA

Pero esa clase, ese orden ¿por quién están representados?
¿En quién se concentra el ataque o la defensa, si el Gobierno
responsable no defiende al atacado ni tampoco recibe inmediatamente el ataque?

BARCALA

La revolución progresa por acción directa contra las instituciones, las personas y los bienes de la burguesía.

RIVERA

¿De todos los burgueses? Veo muchos al lado de la revolución y a otros tranquilos en su burguesía.

Señaladamente contra los burgueses fascistas, para arrancarles su poder económico.

GARCÉS

En una revolución social me sorprende esa salvedad. ¡Contra los fascistas! De hecho, usted sabe que no siempre ni siquiera en la mayoría de los casos es así. Vamos a lo que importa. Por rechazo de la insurrección militar, hallándose el Gobierno sin medios coactivos, se produce un levantamiento proletario, que no se dirige contra el Gobierno mismo. Secuestran bienes y personas, muchas perecen sin pasar ante ningún tribunal, se expulsa o se mata a los patronos,[44] a los técnicos que no inspiran confianza, y los sindicatos, radios, grupos libertarios y hasta partidos políticos se apoderan de inmuebles, de explotaciones industriales y comerciales, de periódicos, cuentas corrientes, valores, etcétera. Llamamos a todo esto revolución, porque es demasiado vasto y grave para dejarlo en motín. Ahora bien: una revolución necesita apoderarse del mando, instalarse en el Gobierno, dirigir el país según sus miras. No lo han hecho. ¿Por qué? ¿Falta de fuerza, de plan político, de hombres con autoridad? ¿Presentimiento de que un golpe de mano sobre el poder, aun[45] victorioso, derrumbaría la resistencia, nos pondría enfrente de todo el mundo y se perdería la guerra? ¿O el cálculo de crear clandestinamente, por abuso de fuerza, sin

---

44. En la edición de Losada: «patron*es*».
45. En la edición de Losada y Oasis acentúan «aun».

responsabilidad y bajo la cobertura de Gobiernos inermes, situaciones de hecho, para mantenerlas después e imponerse al Estado cuando quiera salir de su letargo? De todo habrá. La obra revolucionaria comenzó bajo un Gobierno republicano que no quería ni podía patrocinarla. Los excesos comenzaron a salir a luz ante los ojos estupefactos de los ministros. Recíprocamente al propósito de la revolución, el del Gobierno no podía ser más que adoptarla o reprimirla. Menos aún que adoptarla podía reprimirla. Es dudoso que contara con fuerzas para ello. Seguro estoy de que no las tenía. Aun teniéndolas, su empleo habría encendido otra guerra civil. Cundía y se tomaba en serio la amenaza de abandonar el frente. ¿Cómo se llama una situación causada por un alzamiento que empieza y no acaba, que infringe[45bis] todas las leyes y no derriba al gobierno para sustituirse a él, coronada por un Gobierno que aborrece y condena los acontecimientos y no puede reprimirlos ni impedirlos? Se llama indisciplina, anarquía, desorden. El orden antiguo pudo ser reemplazado por otro, revolucionario. No lo fue. Así no hubo más que impotencia y barullo. El Gobierno republicano se retiró, porque los proletarios, incluso los más moderados, no le secundaban. Se pensó que un Gobierno de proletarios, partidos políticos y sindicales, mezclados con los republicanos, tendría más autoridad. Pero la actitud del Gobierno nuevo respecto de la revolución no varió. Algunos de los que entraban a mandar habían en parte aprobado o promovido los movimientos de la revolución. Se encontraron en la necesidad de decir que su política consistía en ganar la guerra, como la del Gobierno republicano. No pu-

45bis. En las ediciones de Losada y Oasis: «infrinje».

dieron adoptar la revolución, siguieron condenados a pade- cerla, a contemporizar, a aguantarla, como si esperasen su fin, por cansancio o descrédito. El Jefe del Gobierno ha hablado de que ya se han hecho bastantes ensayos, en lo que apunta la persuasión del descrédito y la realidad del cansan- cio. Incluso el Gobierno formado en noviembre, con la C.N.T. y los anarquistas, en las penosas condiciones que aún no se han hecho públicas, no ha podido prohijar la revolu- ción. Desde antes, los comunistas vienen diciendo que en España debe subsistir la república democrática parlamenta- ria. Creo en su sinceridad porque tal es la consigna de Sta- lin. Los confederales y anarquistas del Gobierno no hacen más ni menos que los otros ministros. La C.N.T. continúa su invasión social; sus[46] ministros no la contienen ni la sus- citan. Su presencia en el Gobierno, para ese efecto, es ano- dina. Incluso pronuncian discursos o escriben artículos en contra de la táctica de los sindicatos y de sus improvisacio- nes más dañosas. Tampoco eso vale mucho. Los ministros que se moderan, caen en el descrédito y sus antiguos cama- radas, después de silbarlos, les vuelven la espalda. El Gobier- no, con pocos medios para imponer su autoridad y con floja voluntad de usarlos, comprueba que en cada coyuntu- ra de los servicios públicos, sean o no de guerra, se ha pro- ducido un derrame sindical, paralizante como un derrame sinovial. Tal es hasta ahora el fruto de la revolución: desba- rajuste, despilfarro de tiempo, de energía y de recursos, y un Gobierno paralítico. Para la guerra, desastroso.

---

46. En la edición de Losada: «*los*», en lugar de «sus».

Con relación a la guerra, el movimiento revolucionario ha sido útil porque asocia a ella el interés de clase del proletariado y vigoriza su acción.

GARCÉS

A mi juicio, en la guerra no son posibles sin grave daño los fines subalternos, parciales, acomodados al interés o a la ambición de quienes toman parte en ella. El fin de la guerra es rechazar la dictadura militar y la tiranía, mantener en España la libertad, la de todos los españoles y la de la nación en conjunto. Es muy bastante para conseguir el concurso de todos, sin exceptuar al proletariado. Si me apura usted, le demostraré que al proletariado le importa todavía más que a los burgueses liberales, dado el programa de los rebeldes. Cuando al fin primordial de la guerra se adhieren fines parásitos, importantes para un grupo sólo, su aportación a la guerra se debilita, pues depende de la utilidad que de la campaña piensa extraer ese grupo. Si en el propósito de los caudillos revolucionarios la guerra ha de servir para implantar, por ejemplo, el sindicalismo, sus actos no se dirigirán puramente a resolver el estricto problema militar de vencer a los rebeldes. Si la guerra se utiliza para abonar el terreno del nacionalismo catalán y prepararle una gran cosecha, la participación en la guerra se subordinará al interés del nacionalismo. Este segundo propósito se basa en un cálculo erróneo, porque si la debilidad de la resistencia, resultante de la dispersión del esfuerzo, lleva a perder la guerra, los grupos que en ella colaboran con reservas mentales perderían lo que ya tienen, lo que esperan ganar y lo que tuvieron antes. Esta observación es incontestable. Con serlo, no basta a destruir aquel cálculo, agazapado en el fondo de las intenciones. El resultado es que, perdiendo de vista la urgencia de acudir a la guerra según las necesidades terminantes del problema militar, cada cual se preocupa ante todo de tomar posiciones para ser el más fuerte el día de la paz e imponerse a los demás y al Estado. Para que semejante conducta no parezca traición, se adelanta como postulado que exime de culpa la seguridad de la victoria. «Se ganará la guerra», dicen. ¿De qué modo? No lo sé, pues cuanto hacen va en derechura a destruir el postulado. Así se comprueba una vez más el efecto paralizante de la revolución respecto de la guerra.

PASTRANA

Voto con usted. Lo singular de nuestro caso no es la simultaneidad de la revolución y la guerra, sino la permanencia en plena guerra de un conato revolucionario, que no habiendo podido o querido triunfar de lleno, dura como desorden y amarra al Gobierno, que no representa a la revolución, ni se la incorpora ni la somete. No es caso nuevo la amalgama de la guerra y la revolución. Sea que un movimiento revolucionario victorioso provoque la guerra, sea que la guerra misma desencadene la revolución, se ha visto muchas veces a un país en plena fiebre revolucionaria, ganar una guerra. Siempre bajo la condición de que el ímpetu revolucionario sea efectivo, su autoridad imponente, la disciplina de acero y que de grado o por fuerza aúne el trabajo de todos y los arrebate hasta el sacrificio. En suma: la revolución frente a la guerra debe constituirse en un[47] haz irrompible. Aquí cada vareta anda suelta. Por eso creo como usted que la revolución abortada es puro desorden, y si fuese[48] como pretenden, le echaríamos la culpa de perder la guerra.

BARCALA

El Gobierno de Cataluña ha adoptado la revolución, la proclama y pretende ordenarla.

GARCÉS

Otra vareta que anda suelta y no de las menores. El caso de Cataluña es complejo, pero no más tranquilizador. La relación del Gobierno de Cataluña con la guerra es la misma que la de toda España. El Gobierno de Cataluña no es más fuerte ante sus administrados que el de la República en las provincias de su mando. Pero, al mismo tiempo, el Gobierno de Cataluña, por su debilidad y por los fines secundarios que favorece al amparo de la guerra, es la más poderosa rémora de nuestra acción militar. La Generalidad funciona insurreccionada contra el Gobierno. Mientras dicen privadamente que las cuestiones catalanistas han pasado a segundo término, que ahora nadie piensa en extremar el catalanismo, la Generalidad asalta servicios y secuestra funciones del Estado, encaminándose a una separación de hecho. Legisla en lo que no le compete, administra lo

47. En la edición de Losada: «un*a*».
48. En las ediciones de Losada y Oasis se introduce una coma entre las palabras «fuese» y «como».

que no le pertenece. En muchos asaltos contra el Estado toman por escudo a la F.A.I. Se apoderan del Banco de España para que no se apodere de él la F.A.I. Se apoderan de las aduanas, de la policía de fronteras, de la dirección de la guerra en Cataluña, etcétera. Cubiertos con el miserable pretexto de impedir abusos de las sindicales para despojar al Estado, se quejan de que el Estado no les ayuda, y ellos mismos caen prisioneros de la sindical. El Gobierno de Cataluña existe de nombre. Las representaciones de los sindicatos en el Gobierno significan poco o nada; sus camaradas no los obedecen ni cumplen los acuerdos penosamente elaborados en consejo. Se aprobó el decreto de colectivización de la industria, como parte de una componenda, a cambio de que los sindicatos aceptaran los decretos de movilización y militarización. Se cumple el primero, pero no los otros. Cuando el Gobierno de la Generalidad lanzó de una vez cincuenta y ocho decretos, cada uno de los cuales era una transgresión legal, no ha obtenido la observancia de ninguno, porque a los sindicatos no les gustan. Con eso disfrutamos la doble ganancia de entrometerse la Generalidad en lo que no le compete y una desobediencia anárquica. Ya se está viendo la repercusión en la guerra. Un país rico, populoso, trabajador, con poder industrial, está como amortizado para la acción militar. Mientras otros se baten y mueren, Cataluña hace política. En el frente no hay casi nadie. Que los rebeldes no hayan tratado de romperlo, da que pensar. Si quisieran, llegarían a Lérida. A los ocho meses de guerra, en Cataluña no han organizado una fuerza útil, después de oponerse a que la organizase y mandase el Gobierno de la República. Ahora que empiezan todos a clamar por un ejército, tocarán las ventajas de haber quemado los registros de movilización, de haber hecho hogueras con los equipos y las monturas, de haber dejado que la F.A.I. se apoderase de los cuarteles y ahuyentase a los reclutas. Los periódicos, e incluso los hombres de la Generalidad, hablan a diario de la revolución y de ganar la guerra. Hablan de que en ella interviene Cataluña no como provincia sino como nación. Como nación neutral, observan algunos. Hablan de la guerra en Iberia. ¿Iberia? ¿Eso qué es? Un antiguo país del Cáucaso... Estando la guerra en Iberia puede tomarse con calma. A este paso, si ganamos, el resultado será que el Estado le deba dinero a Cataluña. Los asuntos catalanes durante la República han suscitado más que ningunos otros la hostilidad de los militares contra el régimen. Durante la guerra, de Cataluña ha salido la peste de la anarquía. Cataluña ha sustraído una fuerza enorme a la resistencia contra los rebeldes y al empuje militar de la República.

LLUCH

¿Pero quiénes son los directores de Cataluña? Está por ver. El verdadero pueblo catalán no está con ellos.

PASTRANA

Las ambiciones, divergencias, rivalidades, conflictos e indisciplina que tenían atascado al Frente Popular, lejos de suspenderse durante la guerra, se han centuplicado. Todo el mundo ha creído que merced a la guerra, obtendría por acción directa lo que no hubiera obtenido normalmente de los Gobiernos. La granada se ha roto en mil pedazos, precisamente por donde estaban marcadas las fisuras. El caso de Cataluña es uno más en el panorama general. Así, la rebelión militar produjo, quedándose el Estado inerme, el alzamiento y el desorden de que ustedes hablan; efecto fácil de prever y que había sido previsto y advertido. Si la rebelión militar hubiese durado ocho días, los resultados de su vencimiento habrían sido exclusivamente políticos, la República se habría afianzado. Las obras sociales que inevitablemente habían de cumplirse, las hubiera hecho el Estado. La rebelión, al tomar la forma crónica de guerra civil, ha dado tiempo y aliento para el embate proletario, en todas sus formas, en las que son justas y razonables y en las que son desatinadas y perniciosas. Un fenómeno análogo se dibuja ya localmente en el campo de la República y por iguales principios de mecánica social: a la Generalidad, insubordinada contra el Gobierno, se le insubordinan las sindicales, la tienen sumergida y obediente. Al borde se forma una reacción: hay barruntos de revuelta entre las fuerzas de orden público contra los sindicatos; esta vez con la simpatía general de las gentes pacíficas.

BARCALA

A pesar de tantos errores, que no disculpo, esta guerra demuestra una vez más la comunidad de intereses de todos los españoles y reforzará el sentimiento de solidaridad nacional.

GARCÉS

¿Dónde está la solidaridad nacional? No se ha visto por parte alguna. La casa comenzó a arder por el tejado, y los vecinos, en lugar de acudir todos a apagar el fuego, se han dedicado a saquearse los unos a los otros y a llevarse cada cual lo que podía. Una de las cosas más miserables de estos sucesos ha sido la disociación general, el asalto al Estado, y la disputa por sus despojos. Clase contra clase, partido contra partido, región contra región, regiones contra el Estado. El cabilismo racial de los hispanos ha estallado con más fuerza que la rebelión misma, con tanta fuerza que, durante muchos meses, no los ha dejado tener miedo de los rebeldes y se han empleado en saciar ansias reprimidas. Un instinto de rapacidad egoísta se ha sublevado, agarrando lo que tenía más a mano, si representaba o prometía algún valor, económico o político o simplemente de ostentación y aparato. Las patrullas que abren un piso y se llevan los muebles no son de distinta calaña que los secuestradores de empresas o incautadores de teatros y cines o usurpadores de funciones del Estado. Apetito rapaz, guarnecido a veces de la irritante petulancia de creerse en posesión de mejores luces, de mayor pericia, o de méritos hasta ahora desconocidos. Cada cual ha querido llevarse la mayor parte del queso, de un queso que tiene entre sus dientes el zorro enemigo. Cuando empezó la guerra, cada ciudad, cada provincia quiso hacer su guerra particular. Barcelona quiso conquistar las Baleares y Aragón, para formar con la gloria de la conquista, como si operase sobre territorio extranjero, la gran Cataluña. Vasconia quería conquistar Navarra;[49] Oviedo, León. Málaga y Almería quisieron conquistar Granada. Valencia, Teruel. Cartagena, Córdoba. Y así otros. Los diputados iban al Ministerio de la Guerra a pedir un avión para su distrito, «que estaba muy abandonado», como antes

49. En las ediciones de Losada y Oasis «Navarra» y «Oviedo» sólo están separadas por una coma.

pedían una estafeta o una escuela. ¡Y a veces se lo daban! En el fondo, provincianismo[50] fatuo, ignorancia, frivolidad de la mente española, sin excluir en ciertos casos doblez, codicia, deslealtad, cobarde altanería delante del Estado inerme, inconsciencia, traición. La Generalidad se ha alzado con todo. El improvisado Gobierno vasco hace política internacional. En Valencia, comistrajos y enjuagues de todos conocidos partearon un gobiernito. En Aragón surge otro, y en Santander, con Ministro de Asuntos Exteriores y todo... ¡Pues si es en el ejército! Nadie quería rehacerlo, excepto unas cuantas personas, que no fueron oídas. Cada partido, cada provincia, cada sindical, ha querido tener su ejército. En las columnas de combatientes, los batallones de un grupo no congeniaban con los de otro, se hacían daño, se arrebataban los víveres, las municiones... Tenían tan poco conocimiento que, cuando se habló de reorganizar un ejército, lo rechazaron, porque sería «el ejército de la contrarrevolución». ¡Ya se repartían la piel del oso! Cruel destino: los mismos piden ahora a gritos un ejército. Cada cual ha pensado en su salvación propia sin considerar la obra común. Preferencias políticas y de afecto estuvieron mermando los recursos de Madrid para volcarlos sobre Oviedo, cuando el engreimiento de los aficionados le hacía decir y tal vez creer que Oviedo caía en cuarenta y ocho horas. En Valencia, todos los pueblos armados montaban grandes guardias, entorpecían el tránsito, consumían paellas, pero los hombres con fusil no iban al frente cuando estaba a quinientos kilómetros. Se reservaban para defender su tierra. Los catalanes en Aragón han hecho estragos. Peticiones de Aragón han llegado al Gobierno para que se lleve de allí las columnas catalanas. He oído decir,

50. En la edición de Losada decía: «provincialismo».

a uno de los improvisados representantes aragoneses, que no estaba dispuesto a consentir que Aragón fuese «presa de guerra». Una imposición de la escuadra determinó el abandono de la loca empresa sobre Mallorca, abandono que no había podido conseguirse con órdenes ni razones. En los talleres, incluso en los de guerra, predomina el espíritu sindical. Prieto ha hecho público que, mientras en Madrid no había aviones de caza, los obreros del taller de reparaciones de los Alcázares se negaban a prolongar la jornada y a trabajar los domingos. En Cartagena, después de los bombardeos, los obreros abandonan el trabajo y la ciudad en hora temprana, para esquivar el peligro. Después del cañoneo sobre Elizalde, en Barcelona, no quieren trabajar de noche. Valencia estuvo a punto de recibir a tiros al Gobierno, cuando se fue de Madrid. Les molestaba su presencia porque temían que atrajese los bombardeos. Hasta entonces no habían sentido la guerra. Reciben mal a los refugiados porque consumen víveres. No piensan que están en pie gracias a Madrid. En fin, un lazo de unión de todos, resultado de la lucha por la causa común, no ha podido establecerse.

MARÓN

Les encuentro a ustedes en un estado de postración lastimosa, cercano al coma. ¿Quieren ustedes ganar la guerra, gobernar la República, sin creer en la victoria ni en el porvenir de la República? Siendo laicos, no puedo aconsejarles que se retiren a un[51] convento; además, no los hay por ahora. Retírense a llorar su falta de fe. Todo ese análisis será muy

51. En la edición de Losada decía: «su», en lugar de «un».

certero, las cosas irán tan mal como dicen. A pesar de todo, se ganará la guerra. España dará ejemplo y normas al mundo.

RIVERA

¿En qué se funda usted, aparte de la fe?

MARÓN

Como ustedes no creen en la Providencia, diré que en la lógica de la historia. Sí: todo lo hacemos mal: la guerra, la política, la propaganda... Somos locos e ignorantes, bárbaros, niños... Con todo, saldremos adelante. ¿Cómo? No lo sé. Se ganará la batalla de Madrid, se ganarán otras batallas, derrotaremos a los indígenas y a los extranjeros. ¿La Sociedad de Naciones no nos ampara? Peor para la Sociedad de Naciones. Vergüenza suya será. Francia se cohíbe, Inglaterra nos ahoga suavemente. Pues un día saldrán de su indecisión y de sus taimados regateos: el día que nuestro derecho brille como el sol, porque hayamos dominado la invasión extranjera. Desde que la invasión se ha pronunciado, creo como nunca en el triunfo. La lógica de la historia tiene caracteres de necesidad. Es imposible que todo un pueblo quede sometido por la fuerza si no[52] le da la gana de someterse. Imposible. Eso es todo. Tratándose de España, se ha de contar siempre con lo extraordinario, lo inesperado, lo sorprendente.

52. En la edición de Losada decía: «si no *se* le».

RIVERA

O sea con lo ilógico. Usted lo es bastante.

MARÓN

No. Ilógico si nos atenemos a los datos superficiales y se prescinde del fondo de la cuestión. El pueblo español crece. Han querido ponerle un aparato que se lo impida.[53] El pueblo ha dado un estirón más violento y ha roto el aparato. Saldrá del trance engrandecido y maduro. Está en la línea lógica de nuestra historia.

RIVERA

¿Entonces la rebelión es un hecho providencial?

MARÓN

¿Por qué no?

RIVERA

Se dice que los caminos de la Providencia son oscuros. Convengamos en que éste de ahora es pura tiniebla. Dispues-

---

53. En la edición de Losada decía: «impide».

ta a favorecernos para llevar al pueblo español a su mayor edad, pudo encontrar otro arte menos[54] costoso y azariento.

MARÓN

No me atribuya usted la idea de que un dedo sobrenatural empuja o desvía las acciones de los hombres. Lo providencial, para mí, envuelve un concepto menos grosero, menos pueril. Yo no afirmo que la rebelión la haya suscitado el Dios providente. Afirmo que las libres acciones de los hombres brindan la ocasión de satisfacer el sentimiento de la justicia, chispa de lo divino en nuestra alma. La rebelión es una iniquidad, el proceso inflamatorio de iniquidades acumuladas. Lo demás que ocurre en España es la reivindicación de la justicia.

GARCÉS

Lo mismo dicen los rebeldes. Sólo que, para ellos, la iniquidad somos nosotros y ellos la justicia.

MARÓN

Nada importa lo que ellos digan ni lo que digamos nosotros. El suceso es más[55] grande que nuestras opiniones. Nos

---

54. En la edición de Losada decía: «otro arte costoso y menos azariento».
55. En la edición de Losada decía: «ma», en lugar de «más».

domina a todos. La conclusión de cuanto ustedes dicen y sienten parece clara: Los hombres no están, no estamos a la altura del caso. Lo admito, lo deploro, pero no me espanta. No somos gigantes. ¿Podía esperarse que lo fuésemos? ¿Es lícito reprocharle a nadie que no lo sea? Cuando se gane la guerra, tal vez lleguemos a creer que lo hemos sido. Guardémonos de ello desde ahora. Me consuelo con facilidad de las menguas personales, de las fallas del talento, porque las fuerzas de salvación no esperan nuestros aciertos.

GARCÉS

No sé qué perderíamos con tener buenos ministros, buenos generales, buenos administradores...

MARÓN

No perderíamos nada. Sin tenerlos, también venceremos. Ustedes discurren como si la guerra se hiciese contra un Gobierno, de cuya permanencia y de cuyo tino dependiese todo, o contra un ejército regular, que es derrotado y la guerra perdida. Es falso. El no percibirlo, prueba nuestra medianía. La guerra no va contra el Gobierno, ni contra el Estado, sino contra el pueblo entero. El Gobierno, éste u otro, está en su papel resignándose a representar lo que no puede dirigir. Desde el comienzo de la guerra no hemos sufrido más que derrotas, bastantes para haber desmoralizado y destruido el mayor ejército profesional. Pues ya ve usted: seguimos tan campantes, y cada vez que los rebeldes se han apoderado de una provincia no han adelantado un paso hacia la solución.

GARCÉS

Temo que si continúan apoderándose de provincias enteras, una tras otra nos las quiten todas y tendremos que defendernos en la luna.

MARÓN

No nos las quitarán.

GARCÉS

Más vale. Mientras, podemos seguir discutiendo. Usted dice que la iniquidad de la rebelión ha originado un gran movimiento vindicativo. Para mí, la vindicación no podía consistir más que en derrotar a los rebeldes y castigar a los culpables. Admito, admiro y agradezco el alzamiento popular en defensa de la República. Pero usted no ignora que dentro de él han ocurrido abusos monstruosos. La crueldad, la venganza, hijas del miedo y de la cobardía me avergüenzan.

MARÓN

Mayores atrocidades cometen los rebeldes.

GARCÉS

Lo sabemos. Nadie monopoliza la barbarie ni el desmán. Incluso han sido y son en número inmensamente mayor los asesinatos cometidos por los rebeldes y en circunstancias atroces. No es la menor, como ya decían ustedes antes, que tantos millares de ejecuciones se hagan por plan político y con orden de los jefes. Pero esto no es una compensación. Ellos son la negación de la ley, nosotros somos el Gobierno, la legitimidad, la República. Una conducta noble, sin otro rigor que el de la justicia, habría robustecido la autoridad de nuestra causa. Yo estaba en Madrid la terrible noche de agosto en que fue asaltada la cárcel y asesinadas por una turba furiosa algunas personas conocidas. Yo también hubiese querido morirme aquella noche, o que me mataran. La desesperación no me enloqueció... ¡Ingrata fortaleza! El Presidente del Consejo lloraba lágrimas de horror. Razón le sobraba. Este camino, recorrido después hasta el cabo, ¿forma parte del plan providencial, es un fuego de la chispa divina de la justicia?

MARÓN

No se empeñe en ponerme entre la espada y la pared, sacando a relucir ésas y otras barbaridades. La revolución entera, lo bueno (porque tiene mucho de bueno), lo malo, lo abominable y lo ridículo de ella, me es ajeno. No he lanzado la revolución, ni la patrocino, ni me aprovecho de sus actos. A quien debe pedírsele cuentas de ella y de sus excesos es al campo rebelde. Si no hubiese habido rebelión, las personas asesinadas en la cárcel de Madrid ese día de agosto, y otras muchas, estarían tranquilamente en sus casas, en sus destinos, en las Cortes, en sus tribunales y oficinas, en los regimientos, echando cuentas y planes contra la República y calculando las probabilidades de un[56] movimiento en que los asesinados serían ustedes. No se olvide del 19 de julio. Si hubiesen dominado en Madrid (no dominaron por su torpeza... providencial), todos ustedes, desde el Presidente de la República hasta el último conserje del más humilde centro republicano o socialista, habrían sido fusilados en montón. Si las víctimas hubieran sido ustedes, ninguno de los que después vinieron a morir en agosto habría movido un dedo para salvarlos. Nada menos que en ese juego se habían metido por propia voluntad. El pueblo lo percibía. La ira, la crueldad, la insurrección, obrando por cuenta propia, hicieron lo restante. No justifico nada, explico. Usted y yo somos incapaces de hacer tales cosas, de aconsejarlas, de aprobarlas. Pero note usted que la rebelión fracasada, sus planes homicidas, realizados donde les ha sido posible, el espíritu de venganza, la indignación resultante y la crueldad sanguinaria azuzada por el fácil desquite, forman un sistema de acciones y reacciones del que no es posible quitar ninguna pieza. Me dicen que don fulano, don mengano y perengano han sido asesinados... Lo siento. Pero está en la lógica de la historia.

RIVERA

¿También?

56. En la edición de Losada decía: «*su*», en lugar de «un».

MARÓN

Más que nada. Las víctimas señaladas apoyaban una política que dos años antes sembraba el crimen, fusilando a mansalva en Asturias, atormentando a los presos, prevaricando en tribunales y juzgados, sin excepción de los más altos, forjando calumnias miserables para acabar con republicanos y socialistas, tramaba conjuras para asesinar a fulano o a mengano con ayuda de la policía... Cuando en tan[56bis] corto plazo los veo caer, víctimas de su propia obra, me digo: lógica de la historia.

GARCÉS

Expresión vacía. De esa manera nuestra historia será un flujo y reflujo de crímenes. Cuando a ellos les toque matar, dirán también: lógica de la historia. No acepto el sistema. Del crimen me defiendo con la ley, o como puedo; pero no replico con el crimen. De haber sabido que tales personas estaban en peligro, las hubiera amparado en mi propia casa. A más de una he podido salvarle la vida a la callada, por lo menos salvarla del asesinato, aunque eran enemigos de la República y no tenían conmigo relación personal, como no fuese la de haber querido asesinarme a mí en otro tiempo.

MARÓN

Es una pifia.

56bis. En la edición de Oasis decía: «tanto».

Me admiro de oírselo decir a usted y no acabo de entender por dónde ha venido usted a un conformismo tan
completo con lo presente. ¡Usted, conservador, hombre de
ley, que se ha pasado la vida abogando por que se mantenga
el derecho, sale ahora allanándose con tanta naturalidad a
violaciones monstruosas, no ya de la ley, de la piedad humana,
del respeto a la vida![57] No sé qué pensar de su antiguo conservadurismo. ¿Qué era? ¿Una forma de vivir en sociedad?
¿Los valores que proclamaba, no contenían nada? ¿O era yo,
que pasaba a los ojos de usted y de otros como un terrible
revolucionario, era yo el engañado cuando tomaba en serio
el derecho a la vida y me angustiaba pensar que hubiera de
cumplirse una sentencia de muerte, por legal que fuese? ¿Qué
hay entonces detrás del legalismo? ¿Nada? ¿No está hecho
para defender un profundo sentimiento humano, un derecho vivo, perenne? Lo derriba usted de un papirotazo y en
su área se instala la violencia irresponsable. Es absurdo. He
visto a mucha gente desconcertada por los acontecimientos.
Su moral y lo que podía pasar por un pensamiento político
se han venido abajo como castillos de naipes. He visto a «iz-
quierdistas» famosos arrojarse de cabeza al callejón, para luego salir diciendo: «Nos hemos equivocado. El país no está
maduro para la democracia, hay que gobernarlo a palos». He
visto a moderados, que todavía hace año y medio se enojaban

---

57. Estos párrafos coinciden con lo escrito por Azaña en sus *Memorias* el día 17-VI-
1937 (*Obras Completas,* tomo IV, pp. 625 y 626), refiriéndose a su conversación con
Ossorio y Gallardo, donde se extraña de la alabanza de éste ante las «vías de hecho»,
cosa por completo contraria a la tradicional «juridicidad» predicada siempre por el
mismo Ossorio.

si les incluían entre las izquierdas, declararse furibundos revolucionarios, y a quienes no querían votar el Estatuto de Cataluña convertirse en federalistas anarquizantes, enarbolando el derecho de los pueblos españoles (o ibéricos) a la «autodeterminación»... He visto muchos casos lamentables, sin contar los de cuquería. Cada cual ha transigido con su miedo, su conveniencia, su ambición. Mi postura es la más incómoda. Ninguno de los valores que formaron mi persona moral se ha derrumbado. Lo que antes me parecía justo, sigue pareciéndomelo. Lo odioso, también. No me he puesto una máscara, ni me he quitado ninguna, porque no la tenía. Aguanto la guerra con espíritu de paz y las ráfagas de insania con mi razón entera. Causa de mayores tormentos, porque rechazo toda anestesia. No quiero ni puedo dejar de ser lo que soy. Preferiría que los demás hiciesen lo mismo.

MARÓN

Me agraviaría que usted me creyese resellado. Le he dicho que no acepto la revolución en bloque. Soy conservador. Usted ignora el valor de esa palabra cuando se aplica a mi temperamento político. El conservadurismo me opone al desorden, no tan sólo ni siquiera principalmente al alboroto callejero y motinesco, sino al desorden contra el derecho. ¿Siendo conservador, iba yo a ponerme del lado de los rebeldes porque representan intereses de las clases pudientes, llamadas conservadoras? De ningún modo. Quienes apoyan a los rebeldes y los rebeldes mismos han renegado del derecho que tenían a influir normalmente en la dirección de la sociedad española, por los medios pacíficos que les brindaba el régimen republicano. Patean la ley para sustituirla con su capricho despótico. Es el mayor desorden posible, lo más anárquico. No puedo aceptarlo. Estoy enfrente. Mi conservadurismo no significa tampoco la defensa de los pudientes. Al contrario. He propagado ideas de justicia social, pensando contribuir a la paz y a la conservación del orden. Ahora, en la disolución que padecemos, estoy con la República, porque además de representar originalmente la legalidad y el derecho, detrás de la República está casi todo el pueblo, y agotados los antiguos veneros de la ley hay que alumbrar los nuevos en el pueblo. La masa puede y debe forjar la legitimidad futura. Luchan dos modos distintos de entender la vida. Se forja una nueva civilización. Afirmo el poder creador del pueblo.

MORALES

Luchan dos modos distintos de repartirse la riqueza, si concluimos por admitir que la pugna es entre revolución y rebelión; pero ni siquiera tanto, si la pugna es entre la República, entre la democracia liberal teñida de intervencionismo y agrarismo, y los absolutistas de rancio abolengo español. De eso, a dos modos diferentes de entender la vida, hay gran trecho. La vida es más amplia que el régimen de la propiedad, y la actitud característica de un pueblo ante la vida pende de fermentos rancios incorporados a sus hábitos, a su moral, de cualidades de la sangre, que no se modifican por socializar las dehesas en unas cuantas provincias ni porque los ferrocarriles los gobierne un comité de obreros en lugar de un comité de banqueros. ¿Forjar una nueva civilización? ¡Déjeme usted reír! ¡No hemos conseguido asimilarnos plenamente la actual y vamos a inventar otra! Justamente, siempre me ha asustado en España el peligro de involución, de regreso, en que vivíamos. Cierto, en el alma española, aún en lugares muy atrasados, se hallan vetas civilizadas, notables en sentimientos de hospitalidad, de cortesía, de buen juicio, por mucho que los estrague la vileza del ruralismo. Los debemos a veinte siglos de romanismo y cristianismo. La lengua, el derecho, la religión, nos han incorporado a lo que llaman civilización occidental. Harto se nota la falla en las comarcas españolas más débilmente romanizadas o cristianizadas. Pero debajo de todo, subsiste la roca primitiva, no quebrantada por las intemperies. Siempre me parecía inminente el retroceso, expuestos a estrellarnos en la roca con todo nuestro aparato político y social. Fuera de las grandes ciudades, la contextura de nuestra civilización es débil. A dos kilómetros del asfalto de la Castellana, reaparece el siglo IX. En las mismas grandes ciudades hay núcleos importantes de barbarie; peor aún, de civilizados anacrónicos, resistentes a toda penetración. El suceso de la guerra, en su origen, en sus propósitos, en los fenómenos conconmitantes, es un caso gigantesco de retroceso, de involución, pese a los motes de aparente modernidad adoptados por la estéril pedantería imitativa. Hace veinte años, pensando en el incansable tirón hacia atrás de la sociedad española, me divertí escribiendo la historia de una nueva invasión árabe en España. Conté la gran batalla de los Carabancheles, perdida contra los agarenos. No creí acertar tanto. He llegado a imaginar la posibilidad, en este desandar de los siglos, de recibir un día la noticia de una nueva sublevación de los vascones contra Augusto. Ahí los tiene usted peleando por sus leyes propias, no por España, contra Mussolini, empeñado en representar a Octavio. ¿Un pueblo en tal estado inventará una civilización, como si descifrase un jeroglífico? De creerle a usted, estaríamos pletóricos de ideas propias, de originalidad pujante, trabajados por una profunda labor de la mente especulativa o por una crisis moral nueva, e iríamos a extraer de todo ello una norma valedera para España y los demás pueblos de igual tronco. Porque la esperanza de usted no se limitará a la Península, o quizá menos. No. Seamos modestos. Deje usted en paz a la civilización, rúbrica demasiado amplia en el tiempo, demasiado alta sobre nuestras cabezas, para cambiarla a nuestro modo con esta guerra de generalitos y de comités. Que vamos a inventar ninguna me suena a vaciedad, como el pregonado propósito de los rebeldes de salvar en Occidente la civilización cristiana.

MARÓN

¿A qué reduce usted entonces el problema?

MORALES

A un problema de libertad, de razón, de dignidad humana. A implantar un régimen tolerable, tolerante, manifiesto en un Estado más inteligente, más próximo a la moral social de nuestro tiempo, que aproveche mejor el valor de los hombres y respete la independencia del juicio. Es punto esencial. Confío en que acabada la trifulca reaparezca la libertad de opinión. Ahora no existe en ninguna de las dos Españas. En la nuestra, la renuncia parece menos forzada, pero es muy general, tal vez por dictamen del miedo. En cambio, entre los administradores de la ortodoxia vigente, aparecen brutales licencias de opinión. Aspiro a que después no haya ortodoxia alguna. Supriman el dinero, la propiedad, la familia... Pero déjenme decir mi pensamiento. Veo a muchos jóvenes, en general desprovistos de primeras letras, lanzarse a oprimir el juicio ajeno, como si hubieran descubierto razones desconocidas por el Santo Oficio. Se engañan. Pero si hemos de padecer tamaña calamidad, confesemos que la lógica de la historia nos lleva al embrutecimiento. No lo soportaré. En tal estado, hecha la paz, me iré de España. No hemos sacudido los anatemas del Concilio de Trento para respetar los de la Confederación o los de otro colegio por el estilo.

MARÓN

Reduce usted demasiado el valor de los sucesos y el de sus consecuencias, cualquiera que sea el final. Tan violenta conmoción no puede ser estéril. De experiencias terribles saldrán energías nuevas. Veremos otro horizonte.

MORALES

Veremos miseria, hambre, decadencia.

PASTRANA

Nosotros, ya en la madurez, recibimos únicamente sinsabores. Tenemos formados o encarrilados los gustos, los hábitos, la ambición. Trastornarse todo, nos deja abandonados en el camino, no sabemos qué hacer. En el fondo de muchas repulsas late el despecho del egoísmo y un poco de miedo.

MARÓN

Las epopeyas no son para vistas de cerca, en la realidad de su desarrollo, con espíritu crítico de observador, sino para leídas en la historia, cuando ya sus frutos son parte de la experiencia, o para gustadas cuando la poesía las transfigura y engrandece. Los sitiadores de Troya serían unos «incontrolados». No obstante, la elaboración artística del suceso, sin sujetarse al valor propio del suceso mismo, ha sido uno de los sillares de la cultura europea. ¡Quién sabe si de esta sacudida, de esta proeza, sacará algún día la mente española un ejemplo, un estímulo nacional! Nuestra guerra civil de ocho siglos, llamada vulgarmente la «Reconquista», ha sido gran cantera para la poesía y la política. No parece agotada. La presencia de los moros lo prueba, y más aún, cuanto dicen los rebeldes para justificar su auxilio y nosotros para reprobarlo. También se pretende ahora expulsar nuevamente de España a los judíos, número del antiguo programa. El cual llevaría más adelante a expulsar también de nuevo a los moros que se queden en la Península y encasten. Nuevo ejemplo de reversión, como decían ustedes. A lo que iba: ¿No seremos capaces de elaborar sobre la epopeya presente un monumento poético y político?

En el cual los republicanos y socialistas corremos el peligro de cargar con un baldón legendario.

PASTRANA

El resultado final, calificará en última instancia la conducta. Si perdemos, una propaganda perdurable hará creer a todos nuestros sucesores que nuestra conducta ha sido criminal, insensata, torpe; que hemos tenido la culpa de la rebelión, acaso que la hemos comenzado nosotros, hez de España y la humanidad. Si ganamos, todo lo ocurrido será pedestal de gloria, resplandor, heroísmo, no ya en la opinión común sino en la de cada uno de nosotros. Las dudas, los pesares, los terrores, los desengaños se borrarán, sin que podamos revivir tales sentimientos. Nuestra conducta nos parecerá una línea bella, trazada con inteligencia, mantenida con valor, y que nunca hemos hecho más que fabricar la victoria.

GARCÉS

Para mí, nunca será de ese modo.

RIVERA

¿Por qué motivo?

Sea cualquiera el curso de los sucesos, lo más claro hasta ahora es el hundimiento de la República. Sucumbió en las últimas semanas de julio, cuando no pudo reducir en pocos días la rebelión y para salvarse y salvarnos de la tiranía militar, abrió las compuertas, o soportó que fuesen derribadas, al ímpetu desordenado del pueblo, reconociendo con eso mismo su impotencia. La corriente inspiradora de la República ha quedado desviada o enturbiada. Ahora me doy cuenta de que muy pocos bebían en ella, si no era por frivolidad o por conveniencia de adaptarse. Todavía la recuerdan o la invocan algunos, cada vez menos, y aunque oficialmente no se ha renegado de ella, solamente un tonto dejará de advertir en esa reserva la capa de la astucia. Lo harán en el momento oportuno. No me refiero, como creerán muchos, al llamado «desbordamiento» político y social. La tolerancia religiosa introducida por fuerza de ley en un país de intolerantes, la libertad de conciencia y de cultos, se han anegado en la matanza de curas, en la quema de iglesias, en convertir en almacenes las catedrales, de una parte; y de otra, en fusilar masones, protestantes y ateos. Así en los restantes temas adoptados por la República en su acción inmediata. Pero no me refiero a ello. Pienso en la zona templada del espíritu, donde no se aclimatan la mística ni el fanatismo políticos, de donde está excluida toda aspiración a lo absoluto. En esta zona, donde la razón y la experiencia incuban la sabiduría, había yo asentado para mí la República. La República no tenía por qué embargar la totalidad del alma de cada español, ni siquiera la mayor parte de ella, para los fines de la vida nacional y del Estado. Al contrario: había de desembargar muchas partes de la vida intelectual y moral, indebidamente embargadas, y oponerse a otros embargos de igual índole, pedidos con ahínco por los banderizos. Durante seis años, esa convicción ha estado latente en todos mis juicios sobre el provenir de la República. No todos lo han entendido. Lo pensaba así, en nombre de la fecundidad de la vida del espíritu, único y verdadero fundamento de la civilización. Si la República no había venido a adelantar la civilización en España ¿para qué la queríamos? De ahí el segundo término de mi pensamiento: sacar a luz, poner en primera línea lo valioso en el orden intelectual y moral. Quienes han creído, o aparentado creer, que la República era antiborbonismo, anticlericalismo, anticentralismo, son unos majaderos o unos bribones. En otros tiempos, el Estado o la Iglesia han embargado la totalidad del alma del hombre. El sistema reaparece en nuestros días bajo emblemas diversos, que se hostilizan entre sí, aunque en realidad no son tan diferentes como aparentan. Surgen emperadores demagógicos, emperadores del orden público, remedos de los emperadores de espadón y degollina en la decadencia del mundo antiguo. En España sufrimos el mismo fenómeno, reducido a las proporciones personales y locales inherentes a la condición de nuestro país: Si imperase el orden de la espada, en España no habría un emperador, sino un legado de emperadores extraños. Frente a eso, podrá prevalecer cualquier cosa, bajo cualquier nombre, menos la República inspirada en el pensamiento capital que he descrito. Arruinada, no puedo[58] ser útil a ninguna otra empresa. Nada tengo que hacer en la vida pública. No es desengaño: De nada tenía que desengañarme. Me re-

---

58. En la edición de Losada: «*puede*»; en la de Oasis: «*pudo*»; cuando en realidad es «puedo» (lo que coincide con la edición francesa: «je ne puis»).

conozco ajeno a este tiempo. Los hombres como yo hemos venido demasiado pronto o demasiado tarde. A no ser que nuestra inutilidad pertenezca a todos los tiempos, a todas las situaciones. Cuanto habrá de hacerse en España de ahora en adelante, pisotea mis complacencias, contradice mis inclinaciones, mis gustos. Quiere decirse que en vez de auxiliar, estorbaría, pese a mi buena voluntad. No crea usted que estoy fanatizado por el espíritu liberal. Con los incontables casos de gran ambición política, establezco dos únicas series respetables, encabezadas por Pericles y Trajano. Detrás de cada uno, ponga usted a quien le plazca. En medio no hay sino charlatanes, bebedores de sangre, locos... En las condiciones de la vida moderna no puede repetirse el milagro ateniense. Para hacer el Trajano no basta ceñir la coraza y empuñar el gladio del andaluz romano. Se necesita un grande hombre... Inútil será buscarlo en los alrededores de Hispalis. Si lo hubiese, me ofrecería de secretario para poner sus proclamas en este latín estropeado que escribimos los españoles. Las imitaciones geniales, pero extemporáneas, suelen ser ridículas y de seguro lastimosas. La más ilustre de todas en los tiempos modernos es la imitación de Carlomagno. Bonaparte ganó cien batallas y con su locura y su gloria dio e hizo dar a su país un batacazo sin ejemplo. ¿Conocen ustedes en España a alguien que haya ganado siquiera la batalla de Marengo?

MORALES

No niego que su tristeza esté justificada. Pero es indispensable como nunca no someterse al abatimiento moral. Ahora, bajo la impresión de la desgracia, haremos deducciones palmarias y seríamos capaces de elaborar una doctrina conducente al renunciamiento, al pesimismo, etcétera. Nadie dejaría de decir que eran fruto de la adversidad. Tendrían razón. No por eso valdrían menos, ni más. En cambio, los triunfadores sentirán en su fuero interno las caricias del buen éxito y proclamarán a grandes voces su confianza en la vida, etcétera. Todos verán que es fruto del triunfo. Ni nosotros seríamos el primer ejemplo de un infortunio ilustre, ni ellos el de una audacia criminal victoriosa. Las acepciones morales que todavía hoy hacemos sobre la conducta de los hombres, actores en este drama, se borrarán pronto, quizás antes de desaparecer los hombres mismos. Quedará para la historia el hecho bruto y sus resultados. Ni de nuestras reflexiones desengañadas, ni de las confiadas del triunfador, puede nadie elevarse a deducir una doctrina valedera para tasar las acciones humanas ni esclarecer el secreto de los dramas políticos. Siempre hubo vencedores y vencidos, agraviados y ofensores. Al fin todos se mueren y a nadie le importa, o mejor, nadie se representa sus tristezas y sus alegrías. Es una pulsación de la historia que por habernos tocado sufrirla con tal violencia nos parece de infinita profundidad y significación. No lo crea. No hemos enseñado ni hemos aprendido nada nuevo. Creo que ni viejo tampoco. No se aprende nada. Lo que se cree haber aprendido no sirve de escarmiento, ni para conducirse en la vida.

RIVERA

Hemos aprendido cosas terribles sobre nuestro pueblo.

Más vale abstenerse de hacer juicios temerarios sobre el pueblo español. De otra manera, van ustedes a calumniarlo. Es ilícito fallar sobre la contextura moral de un pueblo viejo, basándose en observaciones recogidas durante siete u ocho meses de guerra y trastornos. Dirán que estas convulsiones ponen al descubierto el fondo del alma. ¿Por qué precisamente el fondo? Quisiera saber cuántas y cuáles observaciones ha catalogado usted. Los hechos siniestros, solamente. ¿Ha pensado usted siquiera en los hechos laudables, en las muestras de abnegación, de heroísmo, de piedad, de simpatía con el dolor, de ayuda a los desvalidos, prodigadas a toda hora? La suma de los ejércitos combatientes alcanza a unos centenares de mil. Los partidos, los sindicatos ¿cuánto suman? ¿Un millón, dos millones? Supongámoslos a todos activos y no simples conducidos. De los restantes españoles, quién más, participa en la guerra y en la revolución con el deseo. Pero todos son unos para sufrirlas sumisamente. Veinte o veintidós millones de españoles inermes soportan que sobre sus costillas se degüellen los armados, y tal vez los degüellen a ellos. No se altera el significado de este hecho con regatear las cifras de mi hipótesis. En estas circunstancias más aún que en tiempos normales, una minoría asume la representación de todo el pueblo. Dentro de ella los insolentes, los rapaces o los criminales también son los menos. ¿Podrán colorear a todo el país? En el campo de batalla abundan los actos de valor. ¿Diríamos por eso que España es un pueblo de héroes? No. ¿Hemos de admitir que sea un pueblo de estragados criminales?[59]

---

59. En la edición de Losada: «*militares*», en lugar de «criminales».

No lo admito yo. Padecemos un estallido de odio, de crueldad. En él se complacen más gentes de las que usted enumera. Los retraídos de la guerra o de la revolución por indiferencia, tibieza, miedo o imposibilidad, participan con el deseo, usted lo ha dicho. A estas fechas no queda un solo español ni española que no haya suspirado mil veces un ¡ojalá! cargado de amenazas y de esperanzas. ¿Adónde se dirigen? Repártalas usted a su gusto. La inmensa mayoría de la nación descansa en el esfuerzo de un corto número y le confiere, no siempre a la callada, el logro de sus deseos. Tal es el hecho. Estos ojalateros son los más crueles porque gozan con el mal ajeno, sin el riesgo de cometerlo, sin necesidad de vencer la repugnancia o el miedo que acaso les paralizase si hubieran de realizarlo personalmente.

GARCÉS

¡Eso lo descubre usted ahora! ¿No creía usted a los españoles capaces de llevar las pasiones políticas hasta hacerse unos a otros esta guerra exterminadora?

MARÓN

Creyéndolo o no, me parece advertir que esa capacidad le desconcierta y le aflige, aunque se permita usted a veces alabar como virtudes los defectos más atroces de nuestro pueblo.

No formo de él mejor ni peor opinión que de otros europeos. En veinte siglos hemos hecho todos aproximadamente las mismas cosas, incurrido en iguales errores y crímenes, sacado a luz con trabajo algunas virtudes. A los españoles mismos no tengo bastante caridad para amarlos a todos en Cristo como prójimos, según manda la doctrina, inadecuada en ese particular, y en todos, a la diferencia entre nacionales y extranjeros. Fuera de lo cristiano, si considero al español en su humanidad, lastimosa en todos los pueblos, no aporta nada de exclusivamente propio. La crueldad, el orgullo, la cobardía, la ambición son prendas de la especie. La civilización, que no consiste en fabricar tractores sino en cultivar los sentimientos y domesticar los impulsos feroces, se esfuerza en apartarnos del impulso natural humano. Los grandes sistemas que se han disputado o se disputan la educación moral del mundo, no han podido variar nuestra índole, pero autorizan su norma con el ejemplo de algunos testigos, y se propagan, se imponen, se mantienen por el prestigio, la coacción y el hábito. Un nuevo tema civilizador no brota de la espontaneidad turbulenta. Se condensa y declara en el ápice mental de algún sujeto insólito, de donde recae como la lluvia y la luz. Penetra hasta donde puede. El mar resplandece en la superficie y es oscuro, sordo, en el fondo. Más aún: ningún sistema civilizador ha dejado de adoptar, incorporándolas a su conducta por insuficiencia o por transigencia, normas y usos repugnantes, crueles, o tenidos por tales desde otro sistema competidor o desde la razón universal, de la cual tampoco fío, porque es aberrante y no puede exceder de los datos de su experiencia. Los sistemas compiten. Pese a su noble inspiración original, el hombre los convierte en instrumentos de muerte. ¿Cuántas provincias no han sido asoladas, cuántos millones de vidas inmoladas por si el Hijo emana del Padre o ha sido creado de la nada, por si Nuestro Señor está o no presente en la Eucaristía? Los inventos útiles para la vida, desde el hacha de pedernal hasta el avión, han aumentado el poder dañino del hombre contra el hombre. Pues más aún se han utilizado para eso los primores del progreso moral. ¡Dichoso el animal carnicero cuando se imagina justificar su ferocidad en nombre de la causa que defiende! Reflexión aplicable a todos. Gran simpleza, salir renegando del nombre de español, avergonzándose de él porque en una guerra civil, que ya es harta barbarie, se cometen atrocidades. ¿Renegaríamos de ser hombres? Palabras vanas, porque no podemos ser otra cosa.

RIVERA

Viniendo en el tren desde Toulouse, un francés que comentaba conmigo los sucesos de España, me dijo: «*Vous êtes de*[60] *petits sauvages*». Me sonrojé, porque tenía razón.

MORALES

Ahora estamos nosotros de turno. Podía usted haberle preguntado qué fue la *jacquerie*, o qué hicieron los *chauffeurs*, o los septembristas durante la revolución. Francia era el país más civilizado del mundo. O en tiempo más próximo, qué

---

60. En la edición de Losada y Oasis: «*des*».

hicieron en París los comunistas desesperados, qué hicieron con los comunistas los versalleses. Si el viajero hubiese sido ruso, alemán, italiano, podía usted haberle preguntado... Lo mejor es no preguntarles nada. Cosa necia, cuando a nuestro país se le carga una reputación de violencia y salvajismo, replicar que los otros no lo son menos, ya nos lo impute un filósofo, un estadista o un viajero de Toulouse. La sensibilidad española no ha sido nunca inferior a la de otros pueblos civilizados, en cada época: ha sido notoriamente superior a la de algunos, ahora en cabeza de la civilización. El estallido atroz que despedaza a España y sus ejemplos de crueldad son frutos del contagio venido de fuera. Desde la guerra de 1914, oleadas de barbarie y violencia sumergen a Europa. Ya la guerra fue de por sí gran demostración de crueldad. Desangrar un continente, arruinarlo, no parece síntoma de civilización refinada, de sentimientos suaves. Hacer todo eso o soportarlo en nombre del orgullo nacional, de la grandeza del Estado, de la libertad de comercio, de la autonomía de los pueblos, no lo mejora, pues admitido que hay propósitos o fines bastantes a justificar el destrozo universal, será difícil rechazar que otros fines, otros propósitos posean o se atribuyan la misma virtud justificativa. Cuanto el fanatismo patriótico glorifica ¿no podrá justificarse en nombre del fanatismo religioso o del social? En 1914, el pueblo español adormecido, derrotado, acobardado, parecía harto de tragedias y sangre. Recuerde usted la oposición a la guerra en Marruecos y el apego a la neutralidad. Este pueblo parecía curado de su humor pendenciero. Nuestras discordias internas difícilmente cobraban violencia, fuera de lo verbal. La revolución de Barcelona de 1909 fue popular porque se hacía contra la guerra. La violencia desencadenada desde 1914 ha perturbado el sentido moral de los europeos. No más derechos, no más ley. Confianza en la acción directa, apelación a la ametralladora. La plaga recorre todos los pueblos, triunfa en bastantes, con dificultad se defienden de ella los más escarmentados. En España ha sido prodigiosa la propaganda por el ejemplo triunfante en Alemania, en Italia, en Rusia, en Austria. La dictadura de Primo de Rivera, lección de ilegalidad victoriosa, de intimidación, causó estragos. Una generación se ha criado en el desprecio de la inteligencia, en el olvido del estudio, del trabajo, en el cultivo de la fuerza física, de la insolencia personal. Los planes políticos se tiraban sobre la perspectiva del choque. Algunos reprochan a los republicanos el no haber asesinado en una noche a los generales conspiradores, como se hizo en Alemania con los desafectos al régimen nazi. Por su parte los generales se prometieron realizar esa operación a costa de los republicanos. En fin, ahora contemplamos las obras de la barbarie, procuradas, enseñadas durante quince años. Alcanzamos el nivel moral de gran parte de Europa. Nunca hemos sido más puntuales en seguir la moda.

GARCÉS

Por desgracia, superamos a todos en el humor suicida de nuestra cólera. Otros pueblos ambiciosos o semibárbaros dirigen su furor contra el extranjero. España es el único país que se clava su propio aguijón. Quizás el enemigo de un español es siempre otro español. Se salta un ojo con tal de cegar a su enemigo. La humildad de los rebeldes con los extranjeros denota que no somos xenófobos. La propaganda contra masones y judíos (¡contra los judíos, cuya sangre nos inunda!), pretextando que no comparten el sentimiento nacional, necia adaptación de barbaridades extrañas, cruzada contra fantasmas, no parecía cosa seria, hasta que ha servido para armar los fusiles y asesinar a millares de personas inofensivas. ¿Compartirán mejor el sentimiento nacional los batallones extranjeros que unos españoles se imaginan haber alquilado para matar a otros españoles? Porque los alquilados, en rigor, no son los ejércitos extranjeros, sino los españoles mismos que los han traído. «Nosotros no damos abasto –dijeron–. ¡Hay tantos españoles que matar! Vengan y ayúdennos en la matanza.» Cuando los extranjeros bombardean, incendian, ametrallan, y nuestros compatriotas sucumben a miles, los alquilados aplauden en nombre de la patria. Hemos pasado muchas décadas haciendo en política internacional el papel del villano en su rincón. El país no soportaba siquiera que se le hablase de la conveniencia de emprender otro camino. Una política exterior activa podía comprometer a España en guerras de poco interés para nosotros. El país tenía miedo de vivir en peligro. Ante todo, paz... Los demás pueblos se darán de las astas, si les place. Los horrores de la guerra europea y las ventajas sonantes de la neutralidad española, remacharon la convicción común. De pronto, esa prudencia, esa paz, que solían ser dogmas del patriotismo, no impiden a unos españoles desencadenar sobre su pueblo el mayor infortunio padecido desde hace siglos. Las vidas ahorradas a fuerza de renunciar, las derrochamos por centenas de miles en destruirnos. Las ciudades, las riquezas acumuladas, las obras del trabajo que pensábamos conservar viviendo neutrales, se disipan en humo. Hemos pasado veinte años montando la guardia en torno de un tesoro que Felipe II habría envidiado, sin querer aprovecharlo en mejorar la nación. Nos damos tal maña que el tesoro se vuelve ceniza al calor de esta fiebre... ¿No es singular?

MORALES

Mi tesis se confirma: España es un gran país estropeado por sus moradores.

RIVERA

¿Cuándo habrá sido un gran país, si sus pobladores no han variado de condición?

MORALES

No digo que lo haya sido, solamente. Lo es siempre. Lo es ahora. El español destruye con una mano lo que construye con la otra, y para destruirlo se ayuda de los pies. El español patea su propia obra, los títulos plásticos de su presencia en la civilización, cuanto le da ser y apellido nacionales. Las provincias más ilustres están sembradas de ruinas, obra nuestra casi todas. No cuento los lugares donde han desaparecido hasta las ruinas. Genio sombrío. Cree poco o nada, comúnmente. Se lanza a creer, y aspira a lo absoluto.

GARCÉS

Hemos prometido no hacer juicios temerarios sobre España. Vendrán, de todos modos. Acabada la guerra sufriremos los saetazos del análisis, lloverán trataditos que investiguen nuestra índole. Así ocurría después del 98. A fuerza de cavilar, se logró entonces poner en claro dos hechos graves: en España escasea la sangre aria; llueve poco. Me resigno y doblo la hoja.

MARÓN

El humor belicoso de los españoles no parece hoy más vivo que hace un año, ni más débil la antipatía del país a una política de aventuras. La planta monstruosa de guerra y destrucción ha crecido hasta este punto con asombro de todos. Su germen no parecía contenerla. Del lado rebelde, la guerra se mantiene por los extranjeros. En nuestro campo, nadie ignora cuánto trabajo, cuántos desastres ha costado persuadir a los combatientes mismos que la guerra debía tomarse en serio. Uno es el entusiasmo por la causa y otro el entusiasmo por la guerra. La guerra se acepta, se padece; pero entre nosotros a pocos les gusta. La guerra contiene hoy y aspira a resolver cuestiones mucho más profundas y complejas que las determinantes de la rebelión militar, problemas derivados del hecho mismo de la rebelión, de su tenacidad, tal vez no previstos por los iniciadores. Poco a poco se ha formado esta maraña inmensa. Hemos concluido por comprometer en la guerra o por comprobar que está comprometido en ella mucho más de cuanto se pensaba. Sobre eso, la diferencia entre leales y rebeldes es casi nula. No son menester agudos análisis ni explorar los arcanos de la filosofía de la historia para comprender que los españoles arriesguen en esta ocasión las ventajas, comodidades y bienes más de su apego. Cualquier pueblo, sin exceptuar el nuestro, desea conservarlos. En circunstancias iguales, otro país habría hecho también lo mismo. Lo que mucho vale, mucho cuesta. Mucho debe de valer lo que defienden los españoles cuanto tanto lo aman.

MORALES

Ahí comienzan mis dudas, o francamente, mi oposición. Por de pronto, el violento amor a una cosa no prueba nada acerca de su mérito, sea en el orden personal de las preferencias íntimas o en el de la vida pública y de los movimientos populares. Hasta dónde debe llegar merecidamente el sacrificio por alcanzar una cosa, no debe tasarse según el ánimo de quien la ambiciona, aunque la procure o la busque heroicamente. Sobre todo, si la busca o la procura heroicamente, porque el ánimo heroico, admirable y útil, es posterior al juicio. Es también claro que los bienes de cierto orden, llamémoslos morales, carecen de equivalencia directa, no son valuables en bienes de los que llaman materiales o positivos. Sería absurdo preguntar: ¿cuánto vale la República, cuánto vale la monarquía?, o sea: ¿qué sacrificios y de qué importancia pueden lícitamente consertirse por la República o la monarquía?[61] En esos términos el problema no existe, porque carecen de rigor. Habríamos de librarlo al aprecio personal de los partidarios, variable según su temple. Pero es un deber averiguar la proporción exacta entre el objeto y el sacrificio para conseguirlo, escrutinio resuelto fácilmente por nuestro amigo con lo de: «Mucho cuesta lo que mucho vale», apoyándose para estimar la valía en la fragilísima base del amor

61. En la edición de Losada falta el signo «?».

suscitado por el objeto. Averiguada, no habremos conseguido
sino añadir dolor a nuestra alma, vista la impotencia personal
ante el destino. Me adelanto a declararlo. Pero es obligatorio
arrostrar la verdad, aunque después no podamos arreglar nuestra conducta según el juicio de la razón. Tal es nuestro terrible caso.

RIVERA

Sospecho adónde va usted a parar.

MORALES

Le sacaré a usted de dudas, empezando por el corolario:
Ni la monarquía ni la República, con cuantas zonas y tierras
intermedias pueda usted imaginar entre esos dos polos de nuestro orbe político, valen lo que ya cuestan, no a los republicanos
o a los monárquicos, sino a España. O sea (desde nuestro punto de vista republicano): la República no puede acarrear bienes
bastantes a compensar los desastres actuales, ni la monarquía,
en otros cien años, produciría tantos males que, por no pade-
cerlos, hayamos de dar por bienvenido este azote. Cualquiera
persona sensata del campo rebelde podría hacer suyo mi enun-
ciado, poniendo monarquía donde yo pongo república y a la
inversa. En suma: no vale mucho lo que mucho cuesta. Hemos
pagado más del justo precio y no en partes alícuotas: carga
entero sobre la nación.

Usted, en el fondo, no es republicano.

MORALES

Podrá ser. Pero reconozca usted que la forma ha sido impecable. Usted era director general con la monarquía y diputado del Partido Conservador (¡no hace tantos años!) mientras yo vivía de mi pluma independiente propagando las doctrinas republicanas. No he promiscuado con el monarquismo, ni siquiera a favor de aquella simpleza de la posible democratización de la dinastía, ni me he tomado las licencias, que, a título de intelectuales superiores, otros se han tomado para pisotear las normas más sencillas del decoro político. Esperaba y deseaba la República como instrumento de civilización en España, no por arrebato místico. Con todo: si el año 30 o 31, en los preliminares de la República, su advenimiento hubiese dependido de mí, a condición de sumergir a España en una guerra espantosa, me habría resignado a no ver la República en toda mi vida.

MARÓN

De esa manera allana usted el camino a los matones. Le bastaría a un grupo fuerte la amenaza de desatar un estrago, o la posibilidad de desatarlo, para forzarnos a renunciar a lo más justo. Gran negocio para todos los sediciosos. Extraña aplicación de la no resistencia al mal.

La no resistencia al mal es caso distinto de la responsabilidad de desatarlo. Ahora resistimos al mal oponiéndonos a la rebelión, a la dictadura militar. Es nuestro deber.

MARÓN

¿De dónde saca usted fuerza para cumplirlo? Mejor dicho: ¿en qué razón se funda para admitirlo como tal deber? Coopera usted a la resistencia, se asocia a ella, la aprueba y contribuye a prolongar la guerra, el destrozo, y a encarecer un precio que, según usted, ni la monarquía ni la República valen.

MORALES

Si me acosan, me callaré... O admiten ustedes, sin escandalizarse, una confesión. Hablamos aquí con libertad. Después de oír opiniones muy crudas, me atrevo a descubrir las mías. Nadie las tachará de crudeza. Corresponden a una angustia imposible de vencer. En todo caso, no se irriten conmigo. Una noche, en Valencia, los periódicos contaban que los aviones facciosos habían abrasado el Museo del Prado. No recuerdo haber recibido en la vida golpe tan fuerte ni padecimiento comparable. ¿Qué era? Un sentimiento de desamparo y perdición. Quise huir de la noticia, no hablar de ella, no pensarla. En el fondo de mi horror, pugnaba por declararse una protesta, una queja que ahora formularía así: «Es demasiado. A tal precio, no». Por suerte, el fondo de la noticia era falso. Los cuadros se salvaron, aunque los aviones tiraron sañudamente contra el Museo. Mi trastorno personal sirvió de primera intención para demostrar la eficacia de las barbaridades[62] intimidantes. Enseñanza alemana, según dicen. Ese día, mi moral de guerra se quebrantó y no se ha repuesto. De haber dirigido yo la guerra, habría propuesto algo... No sé... digamos la inmunidad de lo bello y lo histórico. «Matémonos si queréis, pero salvemos de acuerdo nuestras obras de civilizados.» Devanando mi emoción atroz, llego al resultado que antes dije: ni la República ni la monarquía valen para España lo que ya le cuestan. ¿Ustedes lo niegan? Admitirán siquiera la posibilidad de un destrozo tan enorme que mi tesis se imponga. Es, pues, asunto de más o de menos, de pasar el límite o no pasarlo. A mi juicio lo hemos pasado. Al de ustedes, no. No pueden negar la existencia del límite. ¿Cuándo, a su parecer, lo habremos tocado o rebasado?

BARCALA

¡Nunca! La causa de España, la causa del pueblo justifica todos los sacrificios.

LLUCH

Sálvense los principios y perezca la nación. ¿No es eso?

62. En las ediciones de Losada y Oasis: «barbaries».

Más triste será la probable salida intermedia, sin lograrse ninguno de los dos extremos: no se salvarán los principios, no perecerá la nación, vivirá muriendo, que es peor.

BARCALA

Yo mismo pegaría fuego a los cuadros de Velázquez si con quemarlos se aseguraba el triunfo de la República.

MORALES

¿Por qué entonces escribió usted un artículo llamando bárbaros a los facciosos a cuenta del incendio del Museo? Hicieron lo mismo que usted haría pensando en favorecer su triunfo.

BARCALA

Nuestra causa es legítima, la suya no. Me irrita oír que se comparan.

MORALES

Es indudable. No las comparo, mejor dicho, no las equi-paro. No estoy contrastando el valor de ambas causas. Examino un problema de conducta, igual para cuantos militan en uno u otro campo. No me propongo disculpar un sentimiento personal; quiero convencerles de la necesidad de justipreciar[63] los bienes esperados de esta guerra. Es inexcusable no rebasar el justiprecio y, si no somos dueños de limitarnos, saber al menos que lo hemos rebasado y por qué. Lo reclama el propio interés nacional en cuyo nombre hacemos la guerra. No en vano son ustedes hombres cultivados. Ante la cuestión que les propongo cierran los ojos, se niegan a considerarla, de puro espanto, como yo al recibir la noticia del incendio del Museo. No hay escape. ¿Admitirían ustedes que veinte millones de españoles muriesen para asegurar la victoria? Seguramente, no. Usted, capaz de pegar fuego a los Velázquez, ¿daría muerte u ordenaría que se la diesen a veinte millones de compatriotas, si un dios sanguinario le revelase que de ello depende el triunfo de la República? Tampoco. Ignoro si los rebeldes serán capaces de pensarlo. El aire que traen los aproxima indefinidamente a un suplicio colectivo sin semejanza,[64] pero uno de sus grandes corifeos ha dicho que España se arreglaría matando a trescientas mil personas... solamente. Otro ha prohibido que se fusile a los menores de quince años. Ya ven ustedes: admiten un límite. Aunque lo rebasen, no lo confesarán. ¿Consentirían ustedes, si fuese necesario para el triunfo, que todas las fábricas y talleres de España desapareciesen, ardieran todos los bosques, las tierras quedasen yermas y se perdieran todas las herramientas en que entre algún metal, volviendo a la edad de la piedra pulimentada? Pues en otro orden, las destrucciones serían más graves,

63. En la edición de Losada: «justiprecisar».
64. En la edición de Losada: «semejanzas».

y por supuesto, son ya más verosímiles y hacederas que mis dos ejemplos anteriores. ¿Consentiríamos nosotros para asentar la República, consentirían los rebeldes para asentar su monarquía, que España perdiera no ya el Museo del Prado, sino todos, que sus catedrales se hundieran y se redujeran a escombros sus ciudades nobles, Toledo, Burgos, Granada, Salamanca, Santiago... y tantas otras; que no quedase en España una estatua, un palacio, un arco, un libro, para que la bandera tricolor o la otra ondease sobre montañas de cenizas...? Pues ése es nuestro imperio verdadero, tan frágil en cada una de sus obras, en cuya permanencia nuestro espíritu descansa, se recobra... ¿Habré de explicarles cómo?

BARCALA

Hipótesis monstruosa. ¿Qué funda usted en ella? La realidad la desmiente.

MORALES

No tanto. Vea usted Mérida, Toledo, Madrid... el camino está empezado. La hipótesis es lícita para fundar la discusión. El valor de una hipótesis consiste en su virtud explicativa. Observando los sucesos afirmo: las cosas pasan como si los españoles prefiriesen la destrucción de su país al triunfo de su hermano enemigo; y en el caso específico, como si no les importara arrasar su patrimonio espiritual, superior a todas las contiendas políticas, con tal de...

¡Alto! ¿Quién ha dicho que no nos importe? Usted escamotea las palabras. Nos aflige a todos. El que no por su sensibilidad personal, lo siente por prestigio de la cultura. ¿No ha visto usted en Madrid las colecciones de Liria bombardeadas por los señoritos facciosos, custodiadas por obreros comunistas, cuando todos o los más de ellos no eran capaces de conocer el mérito de lo que guardaban? Nos duele, sí. ¡Pero qué remedio!

MORALES

¿Se resigna usted a que España sea una civilización desaparecida, de la que vengan a buscar vestigios entre montones de arena y ceniza los sabios de algún instituto extranjero?

PASTRANA

No me resigno. Por no resignarme, ayudo cuanto puedo a ganar la guerra, único modo de contener el estrago. La civilización española no desaparecerá. Si sus obras están en peligro o se menoscaban, la culpa no es nuestra.

MORALES

No averiguo culpas, ya demostradas. Deje usted ahora ese estribillo que no hace al caso.

¡Cómo que no! Es capital. Aceptada la cuestión como usted la plantea, en vías de consumarse irremediablemente una gran desventura, nos quedaría el repartir a quien corresponda[65] su responsabilidad. Hacerlo así, además de salvarnos a nosotros, porción de España, del estigma que usted y alguien más nos pondrían, salva la llama misma de la sensibilidad española. Punto de gran cuantía. Será desgarrador perder los monumentos de nuestra civilización, no por históricos sino por actuales, operantes en nuestro espíritu. Aunque la experiencia correspondiera sin falta a la hipótesis delirante concebida por usted, pensaríamos en medio de nuestro duelo que es más valioso conservar el aliento original, y mejor que emprender restauraciones, suplirlas con otras creaciones. Me place como a usted reposar en las obras nobles de nuestro pasado. Si no puedo admirarlas, ni reconocerme en ellas porque las destruyen, todavía podemos unirnos a su genio por otros hallazgos del espíritu creador antes que por la admiración.

MORALES

Si usted declama en vez de razonar, estoy vencido.

65. En la edición de Losada: «corresponde».

Sentimientos lastimados de un artista. Los comprendo, hasta donde puedo los comparto. No son lo principal. En el mundo hay más.

MORALES

La cualidad de artista, si no la limita usted al oficio, descubre las verdaderas jerarquías nobles, por las cuales han de juzgarse la vida y los empeños de un pueblo. La jerarquía es obra del pensamiento, no del vocinglerismo político y periodístico. La nación que ha de sufrir el contraste de las jerarquías, es también para pensada como ser diferente de los individuos que la forman. No es la suma aritmética de tantos millones de nacionales. El espíritu nacional no es el espíritu municipal o local elevado a la enésima potencia. Hay que reconocer en la filiación nacional una raíz propia. El hombre hace u omite, en cuanto se piensa[66] en el grupo nacional, algo que no hará u omitirá cuando se piense en otro grupo: la familia, el sindicato, el partido, la creencia religiosa. De comparar la existencia de la nación así pensada, con la de los individuos que en un momento dado la componen, salta a la vista la diferencia de duración. La nación permanece, fluye sin término. Los individuos perecen y la nación no varía. El indiferente reemplazo de unos hombres por otros, muestra hasta qué punto su presencia personal, tomándolos uno a uno, es insignificante para la hechura y valor del conjunto. Ahora bien: en cuanto

---

66. En las ediciones de Losada y Oasis: «piense».

salimos de los rasgos comunes a la condición humana, lo primero que distingue a un hombre de otro, o los aproxima, es el espíritu nacional. De un ser así pensado, la nación, con vida distinta, y si ustedes lo admiten, superior a la vida de sus nacionales, está permitido afirmar que posee fines y derechos, o que la atosigan necesidades y conflictos, o que necesita una moral y medios distintos, cuando no contrarios, de los pertenecientes a sus miembros. En nombre de tales fines, de esa moral, sostengo que cuanto ocurre en España es ventajoso o satisfactorio para unos (y en igual medida desastroso y penoso para otros), pero nocivo, mortífero para el ser nacional. Si no abuso de su cortés paciencia, quiero aclararlo más. Adopto el punto de vista de nuestra nación, porque no hay otro adecuado al conflicto. El criterio nacional puede superarse, y se ha intentado superarlo, por lo menos doctrinalmente, aunque sin frutos maduros. Sea como quiera, la superación es inaplicable a nuestra contienda. Tampoco desconozco que la nación no es criterio valedero frente a todas las cosas y acciones: respecto de algunas porque las desvirtúa, las desconoce o las atropella;[67] el ser nacional padece también de egoísmo; respecto de otras, porque es inoperante, no prende en ellas por falta de una dimensión común. En fin, tampoco es la pulpa nutritiva de un Estado feroz. Sigo siendo liberal, lo habrán advertido ustedes. Menos aún me cuento entre quienes rebajan el espíritu nacional a cierta virtud cuasi zoológica y pretenden determinarlo por las voces de la tierra y de los muertos. Esa monserga ha tenido y tiene adaptadores españoles. De la tierra,[68] cuando es bella o se resigna a aceptar

---

67. En las ediciones de Losada y Oasis: «atropella» y «el» sólo están separadas por una coma.
68. En las ediciones de Losada y Oasis se omite la coma entre «tierra» y «cuando».

lo que yo le presto, extraigo emociones estéticas. Me guardo muy bien de embarullarlas con el orden moral. Los muertos no chistan. A nadie le han dicho nada. ¿Dónde están los muertos? Se han convertido en polvo. Cuanto hemos aprendido de ellos, nos lo enseñaron en vida, antes de alcanzar la imperiosa autoridad de muertos, o sea cuando eran como nosotros, o peores. Puestos a imaginar su humanidad, es lícito creer que la proporción de sinvergüenzas, tontos, miserables, perversos, etcétera, no fue entre los que ya vivieron menor que entre los vivientes de hoy, cuyo papel más difícil no consiste tanto en inventar como en obtener la enmienda de errores y atrocidades antiguas, así como nosotros dejaremos a quien nos suceda un lucido programa de rectificaciones. Con tantas salvedades, y otras que omito, mantengo mi juicio: vencedores o vencidos, con República o monarquía, la nación sale ya perdiendo. Paga por su contextura política un precio descomunal, irrescatable. Lo digo sin rencor, ni despecho. Si la serenidad de mis palabras se altera es por amargura. Les hago a ustedes la justicia de creer que también la saborean.

GARCÉS

La nación pensada por usted, de tal manera se aparta de la humanidad palpitante que solemos ver en ella, que a fuerza de querer reconocerla un ser propio desprendido de la duración de otros seres, no la eterniza usted ni la espiritualiza: la convierte en una forma vacía. De ella no podremos sacar nada, sin devolverle cuanto usted ha comenzado por[69]

---

69. En la edición de Losada: «*a*», en lugar de «por».

abstraer. Le recuerdo a usted la máxima de la escuela: No hay que multiplicar los entes sin necesidad. Además de innecesario, inventa usted uno inservible. ¿Qué es España? Cuatrocientos mil kilómetros cuadrados de territorio y veintitantos millones de hombres viviendo en él. Fíjese usted: viviendo, con cuanto de[70] penoso y terrible o de grande y admirable comporta la función de vivir. El nombre[70 bis] de España es la expresión abreviada de la parte de humanidad incluida en el signo. No hay un ser, España, diferente de la suma de los españoles. Cuando hablamos de una desgracia o de una ventura nacionales, nos referimos a los seres innumerables que la soportan o la disfrutan. Decíamos: el hambre en Rusia, no de Rusia, porque no se morían de hambre una matrona emblemática, ni siquiera la nación misma, sino millones de súbditos del zar Nicolás o del zar Stalin. Francia ha ganado la batalla del Marne. ¿Quién, Francia? Unos cuantos miles de franceses la ganaron para Francia, es decir, para tantos millones de compatriotas. La nación es un fenómeno vital, inseparable del de la masa de pobladores. Que el nombre de masa no le haga a usted pensar en una degradación. Lo nacional es, en último extremo, un modo de ser. El cual se conoce, se nombra, se opone a otros modos, cuando a fuerza de tiempo, ciertos rasgos, que reaparecen invariables, prueban su permanencia típica. Todo proviene de la conducta de la masa, que al revelarse puede ser pensada en la categoría de lo nacional. Ella misma es la nación. Labra su propio destino, lo soporta. El famoso espíritu nacional a que usted apela en demanda de normas decisorias, no es llama procedente de la combustión de aromas

70. En la edición de Losada se omite la preposición «de».
70bis. En la edición de Oasis: «hombre».

exquisitos; arden también materiales repulsivos. Rechazo igualmente la opinión de usted (aquí nos limitamos a opinar, pero el mundo se divide y gobierna por opiniones), sobre la raíz propia de lo nacional en el ser de cada individuo. Del individuo *solo* a lo nacional no hay tránsito directo. El individuo *solo*, podrá ser un anacoreta, un salvaje, un primo carnal del gorila. La comunión nacional se establece, no a pesar, sino a través precisamente de otros grupos y situaciones que según usted, la embarazan: A través de la familia, la religión, la profesión, el partido, el sindicato... Sí, el sindicato ¿por qué no? Aunque usted se anticipe a pensar la nación como una forma de la que provisionalmente se abstrae todo contenido, signo de una valor x (el[71] interés nacional), no averiguado todavía, el concepto de nación no cuelga del cuello de cada español como una cápsula vacía, en memoria de una razón desinteresada cuya autoridad sirva para conjurar o resolver los conflictos de intereses particulares. No lo digo para mostrar la ineficacia del interés nacional como dirimente de nuestro conflicto, el hecho está a la vista, sino para encontrar el motivo de la ineficacia. El conflicto mismo nace de haberse embotado la facultad de percibir el valor nacional. O de haberse dividido su aprecio irrevocablemente, porque la nación es inseparable de sus componentes. Invocarlo, es una petición de principio. Lo cual autoriza la consecuencia extrema de que la nación española, cuando menos pasajeramente, ha dejado de existir. Admito, ¡quién lo duda!, un valor, llamado, según la fase que ostenta, espíritu nacional o interés nacional. Obra en dos maneras principales. Se denota en los hábitos, en los gustos, en las efusiones sentimentales, en los cálculos del egoís-

71. En la edición de Losada: «*del*».

mo, sea inadvertidamente, con la espontaneidad inveterada que imprime carácter, sea adrede, por afán de imitar, o en formas de estilo apuradas con pedantería. A usted le importa más la otra manera, objeto de mis observaciones. Consiste en deducir de muchas experiencias acumuladas, una suerte de código breve, de pocas y sencillas normas, sobre las cuales se admite que toda la nación estará de acuerdo y las respetará. Nadie las infringiría sin apostatar de la nación. Sería muy bueno que ese código existiera. Mas su existencia, su vigencia, dependen del asentimiento común, si no unánime, por lo menos tan amplio y fuerte que cualquiera disentimiento no pase de extravagancia fútil. Cuando no existe, porque los mismos cuyo asenso se postula para mantenerlo, lo destruyen,[72] usted y yo perdemos el tiempo al empeñarnos en ponerlo de nuevo en pie. La virtud normativa del espíritu nacional se pierde en cuanto todos no están de acuerdo sobre lo que aconseja, o moralmente impone (el Estado presta su coacción a ese deber moral), porque lo esencial de esa norma, deducida de un valor único más alto que las preferencias discordantes de los nacionales, es producir la cohesión, la unidad. Unidad de conducta delante de ciertos temas, no otra. Sabemos de sobra que el interés nacional se invoca a tontas y a locas, por erupción del sentimentalismo inepto, o arteramente, con palabras que solapan un interés no siempre ilegítimo, pero particular. Cualquier industria reclama privilegios del Estado en nombre del interés nacional. El exportador de frutos, el importador de máquinas, quieren que la política exterior de España cambie, en nombre del interés nacional, si sus mercancías no les ganan bastante dinero. Pero ninguna persona

---

72. En la edición de Losada «destruyen» y «usted» están separadas por punto.

avisada se dejará engañar. En otro orden, la confusión es más fácil y peligrosa. Los partidos políticos invocan el interés nacional, que pretenden traducir en sus doctrinas. Lo mismo hacen algunas religiones, no en lo doctrinal sino en la recluta de prosélitos. Alguien no tendrá razón en sus pretensiones; hasta es posible que nadie la tenga, porque el verdadero interés nacional no se roce con tales disputas o sea inmune a sus consecuencias. Todo es confuso y difícil en la materia, pero se admite comúnmente que en ciertos momentos, delante de ciertos asuntos, todas las diferencias deben cesar y plegarse las banderas. Como si en la baraúnda de las controversias apareciese de pronto una verdad axiomática ante la cual es forzoso rendirse. Verdades de tanto poder, han de ser pocas. Pongamos por ejemplo la paz. ¿Se identifica la paz con el interés nacional y es posible en su nombre que un pueblo rehaga su cohesión y unifique su conducta? En términos generales, nadie le dirá a usted que la paz sea contraria al interés nacional. Pero no ha habido una sola guerra en que el agresor y el agredido hayan dejado de invocar el interés nacional para sostenerla, y una gran parte de la nación haya dejado de admitirlo, de creerlo. ¿La paz interior, la conservación del patrimonio material y espiritual? Parece aún más claro. Sin embargo, ahí tiene usted a la nación desgarrándose las entrañas y a los tres o cuatro Gobiernos que de hecho o de derecho existen en España,[73] invocando, con aplauso de sus secuaces, el interés nacional. Lo cual significa, y es lo importante para mi tesis, que ni siquiera el mantenimiento de la paz interior, postulado fulgurante, al parecer, del interés común, disciplina a la nación y la agrupa en torno de su objeto. ¿Cuál será entonces

73. En las ediciones de Losada y Oasis se omite la coma entre «España» e «invocando».

el dictado del interés nacional, bastante a obtener el asenso de todos? ¿La independencia? Si no lo es, no queda ninguno. El modo propio de afirmarse la nación, es oponerse al extranjero: delante de él, los miembros más dislocados parece que han de articularse de nuevo y volver a su sitio. Pues ahí tenemos a España surcada por ejércitos extraños, venidos para satisfacer fines propios de sus respectivos países, y no solamente no tropiezan con la repulsa unánime de nuestro espíritu nacional, sino que encuentran fracciones importantes para llamarlos y ponerse a su servicio. No es la vez primera ni la segunda, ni la tercera... Vuelva la vista atrás: los españoles no deponen sus discordias frente al extranjero; antes, le llaman, se aprovechan de su presencia cuando viene sin ser llamado, se valen de él para aniquilar al otro español enemigo. Eso me autoriza para decir, en contra de nuestro amigo, que la virtud normativa del espíritu nacional es utópica en España; no hemos sabido encontrar ni queremos aceptar un solo principio claro, axiomático, en torno del cual se rehaga la cohesión nacional menoscabada por las discordias domésticas.

RIVERA

La nación está dividida internamente en dos fracciones irreconciliables.

GARCÉS

Ni más ni menos. Estoy demostrándolo, o más bien recordándolo. Una frontera interior, de sinuoso trazado, separa a unos españoles de otros más profundamente que no separan a la nación entera de los pueblos extraños las fronteras territoriales políticas. Si en virtud de tal separación, la llama emblemática del espíritu nacional es bífida, concluyo[74] que la nación, por lo menos actualmente, no existe.

RIVERA

Frontera trazada por el odio.

MORALES

Es innegable. ¿Mas por qué se odian hasta ese punto? ¿Qué se han hecho los españoles unos a otros para odiarse tanto?

RIVERA

Acuchillarse sin piedad.

MORALES

Durante la guerra. Mas ¿por qué se acuchillan? ¿Por qué se odiaban hasta recurrir a la matanza?

74. En las ediciones de Losada y Oasis: «concluye».

El odio es engendro del miedo. Una parte de España temía, hasta el pavor, a la otra parte. La perenne amenaza y los desquites atroces han mudado el pavor en aborrecimiento y azuzado el espíritu de venganza. El odio es injustificado. El miedo es pésimo consejero. Ha exagerado los peligros. Un viajero habla de la energía de tigre del español cuando se irrita. Ninguna irritación mayor que la de creerse destinado a las fieras. El peligro era remoto. Para producirse una ofensiva violenta de pobres y ricos, ha sido menester que las clases pudientes, o sus valedores, cometan la atrocidad de sublevarse. Atrocidad temeraria, desde su propio punto de vista. El suceso podría anunciarse en los periódicos bajo la rúbrica usual: «Crimen y suicidio». A estos sublevados les ocurre como al interés nacional, traído y llevado por ustedes: por librarse de un peligro remoto han sufrido ya más daños irreparables que cuantos podía acarrearles el peligro puesto en obra. La sensatez habría aconsejado descargarse del miedo en la función del Estado, apoyándolo en vez de socavarlo. Pero los que se creían amenazados hicieron al Estado republicano objeto particular del odio, personificando en la República la causa de su miedo. Otros prestaban a la República una adhesión condicional, mala cobertura de su desprecio. En ese campo de Agramante, quien o quienes han querido hacer el papel de Rey Sobrino salen con las manos en la cabeza.

Pienso en el corolario de usted: que la nación no existe, vista la nulidad de su espíritu para alumbrar a todos sobre el auténtico interés común y rehacer en torno suyo la coherencia. Es inaceptable. España vive con más violenta celeridad que nunca. Sus rasgos, sus reacciones peculiares, su modo de ser, no pueden haber cambiado. De esa manera, parece absurdo que el espíritu nacional deje de manifestarse. ¿Cómo se manifiesta con respecto de la contienda presente? Usted atribuye a ese espíritu la función de arrebatar en un momento dado el asenso de todos alrededor de un propósito principal, indiscutible, al cual se somete otro secundario. Ha hecho usted un breve catálogo de los propósitos que pudieran ejercer ese imperio: la paz, la conservación del patrimonio nacional, la independencia... Como ninguno ha prevalecido sobre los impulsos discordantes, el espíritu nacional fracasa en su destino más característico. La nación no existe. ¿Es eso? No me conformo. La investigación de usted peca de cortedad. Se restringe arbitrariamente a unos temas de escuela. ¿No habrá otros? Puede suponerse que aquellos motivos eficaces en otra ocasión, hayan sido pospuestos[75] en la actual a otra fuerza que haga más tiro. Habría que buscarlo en el terreno psicológico. Ustedes decían que el enemigo de un español es otro español. Cierto. ¿Por qué? Porque normalmente es de otro español de quien recibimos la insoportable pesadumbre de tolerarlo, de transigir, de respetar sus pensamientos. España, en general, no se ocupa del extranjero. El español medio, y no digamos el que está por bajo, cree saber que hay pueblos risibles, pueblos temibles. Descansa en la se-

75. En la edición de Losada: «propuestos».

guridad de no alternar nunca con ellos. En el fondo se encoge de hombros. El blanco de su impaciencia, de su cólera y enemistad es otro español. Otro español quien le hace tascar el freno, contra quien busca el desquite. ¿El desquite de qué ofensa? La ofensa de pensar contrariamente. El español es extremoso en sus juicios. Está enseñado a discurrir partiendo de premisas inconciliables. Pedro es alto o bajo; la pared es blanca o negra; Juan es criminal o santo. El español no quiere enterarse de que las violaciones flagrantes del principio de contradicción pueden muy bien remitirse al infinito o solventarlas en el valle de Josafat, que sería más ameno. Los segundos términos, los perfiles indecisos, la gradación de matices, no son de nuestra moral, de nuestra política, de nuestra estética. Cara o cruz, muerte o vida, resalto brusco, granito emergente de la arena. Para fundar un imperio de la soledad o del desierto.[76] Violencia incontrastable o renuncia acoquinada. Para ser un mandón y al propio tiempo un anacoreta desengañado del mando. El español es violento, arrollador. Bajo la desidia, la pereza, el desdén, dormita la iracundia despótica. Somos intolerantes, ignoro si más o menos que otros pueblos. Cuando nosotros quemábamos herejes y brujas toda Europa los quemaba: variaba la acepción de herejía. Ya no se usa en ninguna parte. El racionalismo y la suavidad de costumbres introdujeron la tolerancia. La guerra europea y sus consecuencias han desterrado la conmiseración, la piedad. Los credos atentatorios a la libertad se imponen. Comparados con el credo nazi o el credo fascista, los decretos del Concilio de Trento parecen elaborados en la Abbaye de Thélème. Ahí está la sabihonda Alemania, patria de Goethe. Cierto que también es patria de Lutero, más popular,

---

76. En la edición de Losada: «*destierro*», en lugar de «*desierto*».

nacionalista y fanático, que se sacudía a tinterazos las aparicio-
nes del diablo. Y la ilustre Italia, ¿a dónde ha venido a parar?
Todos rehabilitan la opresión, la intolerancia. A nosotros, esa
oleada no nos sorprende desprevenidos. Es el fondo de nuestro
ser. Unos fusilan a los maestros, otros fusilan a los curas. Unos
queman iglesias, otros Casas del Pueblo. Los descendientes de
los inquisidores queman ahora los templos. La virtud purifica-
dora de las llamas, sigue siendo un mito español. Necesita además el español creer en algo. No muestra su capacidad de
energía, «no dice quién es», como se expresa el vulgo, mientras
no está poseído de alguna fe, católica, mahometana o revolucionaria. Entonces nuestro afán de dominio pretende impo-
nérsela al prójimo o exterminarlo, separarlo del cuerpo nacional. Hablaba usted de unidad: inclinación peligrosa, pariente de
la intolerancia. Unidad que no se delimita por fronteras físicas,
sino por el trazado de las creencias. En rigor, la base de nuestra
nación no es territorial, sino moral. No calentamos ningún
hogar, no amamos la duración de las cosas. Tenemos un alma
nómada, para complacerse en soledades arrasadas. Lleva en sí
misma un imperio, donde señorea como en el desierto. La
intolerancia española, favorecida por la corriente exterior, sopla
hoy arrasadora como el sirocco.[77] Su signo político es unificador: unificar las opiniones, las creencias, mediante el exterminio
de los disidentes. Hablan ustedes de los intereses de los ricos,
padrinos de esta guerra. No lo niego. Pero la emoción no se
creó en torno de los grandes propietarios, sino en contra de la
tolerancia proclamada. A muchos españoles no les basta con
profesar y creer lo que quieran: se ofenden, se escandalizan, se
sublevan si la misma libertad se otorga a quien piensa de otra

77. En la edición de Oasis: «siroco».

manera. Para ellos la nación consiste en los que profesan su misma ortodoxia. La nación así entendida se depura merced a tremendas amputaciones. El territorio les importa menos. Espíritu de tribu errante, de pueblo místico y elegido. La cruz, ganchuda o no; la media luna u otro emblema (también la hoz y el martillo), brillando en un cielo candente. Todos sumisos. Peregrinar por el desierto, y la soberbia de decir: No tengo enemigos en toda la redondez del horizonte. Así habla en este gran caso el espíritu nacional y por eso deja perecer o en peligro otros valores tenidos por primordiales.

RIVERA

¿Y nosotros? También somos españoles: El espíritu nacional nos dicta otra cosa.

MORALES

¡Risa me da! Nosotros somos la antipatria. ¿No lo sabía usted? Así nos llaman. Es la contraprueba de mi tesis. Por otra parte, está por ver lo que nos dicta o podrá dictarnos el espíritu nacional. Nosotros, más o menos, venimos a continuar cuanto ha sido en España pensamiento independiente y libertad de espíritu. No todo el pensamiento español ha sido encarrilado por la fuerza, pero se procuraba extirpar la disidencia como hierba mala. ¿Quién no ha percibido a lo largo de nuestra historia intelectual y moral la queja murmurante al margen de lo ortodoxo? Somos sus herederos. Por remate de un siglo de liberalismo superficial, comprometido, habíamos llegado a creer que la República inauguraba propiamente en España una era de independencia espiritual y de respeto al pensamiento. Esta posición pertenece a pocos. La gracia de la libertad intelectual y moral recae directamente en pocas almas. La educación de la muchedumbre en esa línea es difícil, lenta. En nuestro país, improvisada; y para ciertos resultados, tardía. La muchedumbre no es tolerante ni respetuosa con la opinión ajena. No se ha de confundir el respeto con la indiferencia ignorante. Temo que en nuestro campo, aquella norma dictada por el espíritu nacional, que nosotros hubiéramos querido enmendar, nos acarree algún disgusto grave. Si fuese así, no me sorprendería. Ahora asistimos al estupendo espectáculo del pueblo español batiéndose por su libertad. Estrictamente, al ejemplo que dan unos cientos de miles de españoles en los campos de batalla, mientras en la retaguardia un número de gentes muy crecido tiembla de miedo, o intriga para mejorar sus posiciones políticas o se enriquece en compras y ventas, o de otro modo. Acabada la guerra, veremos si los combatientes que defienden su libertad comprenden que se han batido por la libertad de todos, incluso la de sus actuales enemigos, y si lo comprenden también los poderes de retaguardia. De no comprenderlo, aquella ventolera del espíritu nacional soplará de nuestro campo, como ahora sopla del otro, y asistiremos a una mutilación, de móvil unificador, ilustrado con otro signo. De nada habría servido entonces la experiencia española. Por el contrario, si alguien acertase a inculcarles que su sacrificio, lejos de limitarse a resolver el sucinto problema de organizar el poder político, alcanza la grandiosa magnitud de una redención nacional (muchos mueren por salvar a todos), y se aplican fervorosamente a esa idea, España descubrirá un nuevo espíritu y pasará, pobre, entristecida, ensangrentada, pero gloriosa, por el cenit de la sabiduría.

RIVERA

¡Eso! Luego, todos hermanos, aquí no ha pasado nada. ¡Hasta otra!

MORALES

En modo alguno. Por lo visto no acierto a explicarme. El poder político vendrá, con todas sus consecuencias, a manos de quien gane la guerra. Examino[78] la probabilidad de usar nocivamente del poder y que se incurra en la maña opresora, secesionista, de que somos víctimas. La probabilidad, en suma, de que este gran escarmiento sea perdido para la civilización española. Nuestra discordia interior traza una frontera, antes lo decíamos, marcada por las querencias y los intereses en pugna. ¿Iremos nosotros a consolidarla? Lo temo, porque hay motivos de orden económico[79] y de orden ideológico que han obrado ya así de modo decisivo en nuestra historia. Se trata de saber si lo repetiremos con otros nombres, si aceptaremos la dialéctica de los rebeldes. ¿Me permiten ustedes un ejemplo? Los españoles nunca han hecho ascos a las razas extrañas para cruzarse con ellas. No solamente con cuantas han venido a nuestro país. En América nos hemos cruzado con indios y negros; nuestros

78. En la edición de Losada: «examine».
79. En la edición de Losada: «motivos de orden económico; *de orden económico* y de orden ideológico».

tremendos hermanos portugueses, más aún. Pues bien: durante los siglos de la guerra contra moros la asimilación política y social no se logró; más cabal, se impidió rigurosamente, pese a los frecuentes cruces entre fieles e infieles, y a pesar, sobre todo, de ser los moros tan españoles como los cristianos. Pocos fueron los invasores. Habrían sido muchos, y su permanencia en la Península los hubiera españolizado prontamente. Los moros, en su mayoría, eran españoles secuaces de otra fe. Bastantes de ellos, de casta rural, convertidos al islamismo, más rancios españoles que los soberbios godos ganadores de tierras y poder. Abundaban las mezclas de sangre, pero en conjunto, como *nación*, se logró aislarlos, convencerlos de la diferencia, segregarlos y finalmente expulsarlos. Y no tan sólo del territorio, sino de la conciencia histórica de los otros españoles, de cuya enseñanza ha sido excluido durante varios siglos el conocimiento y hasta la simple noticia de la civilización andaluza en la Edad Media. Caso gigantesco de secesión, originado de la intolerancia avasalladora que escinde con fronteras interiores la masa de un pueblo. Se condensó la nacionalidad en torno de un principio dogmático, excluyente de cualquier otra aportación para formarla. Así las gastan ahora los alemanes, imitando nuestra política de expulsiones de los siglos XV y XVII. Eso quieren hacer con nosotros los rebeldes. Somos la antipatria, es decir, otra nación, proscrita, vocada al suplicio o al destierro. Somos para ellos «la morería». También ahora los godos vienen a España en busca de poder y riqueza. Si perdiésemos la guerra se enseñaría a los niños durante muchas generaciones que en 1937 fueron aniquilados[80] o expulsados de España los enemigos de

---

80. En la edición de Losada: «o» y «expulsados» están separados con una coma. En la edición de Oasis hay comas después de «aniquilados» y «España».

«su unidad». Como en 1492 o en 1610. Ya sé: ¿El móvil era unificar por la creencia? Sin duda, si nos atenemos a la doctrina propagada y popularizada. Otros móviles, no advertidos por todos, obraban en el resultado. Algunas cabezas claras los admitían. Un intelectual castellano, príncipe además de la familia reinante, viene a decir: Hacemos la guerra a los moros por recuperar las tierras de nuestros mayores que nos tienen tomadas, no por imponerles la fe, «porque Jesucristo no quiere servicio forzado». No puedo discernir la fuerza peculiar de cada uno de los impulsos. Ambos concurren y el apetito de apropiación se enmascara con el atuendo de la defensa religiosa. En realidad, la economía española de la Edad Media, tocante a la recluta y enriquecimiento de la clase directora, se fundaba en la adquisición gratuita de tierras nuevas, por fuero del vencedor. Ahora,[81] bajo la enseña de la fe «nacionalista» y «españolista» se busca, ya que no adquirir, conservar las tierras, expulsar a los populares que las ocupan, abatir a la República que había pensado tomarlas muy poco revolucionariamente, puesto que las pagaría. Expulsar a los moros, último paso en la carrera de segregar y desnacionalizar, por obra de la unificación moral, fue consejo de teólogo, impuesto a la Corona por cargo de conciencia. El móvil económico actuó de nuevo, pero en modo distinto que el usual durante la Reconquista. Ya no era menester ganar tierras, sino conservarlas productivas: los grandes señores, dueños del suelo, se oponían a la expulsión, porque despoblándose la tierra se mermaba la renta. En nuestros días, al recobrar sus tierras,[82] los grandes propietarios[83] no querrán fu-

---

81. En las ediciones de Losada y Oasis se omite la coma después de «Ahora».
82. En las ediciones de Losada y Oasis se omite la coma después de «tierras».
83. En la edición de Oasis aparece una coma después de «propietarios».

silar a todos los braceros, sino que sobrevivan los necesarios para labrar a bajo precio. La idea de superioridad de raza, desmentida por la experiencia cotidiana en la Península, se introdujo soslayadamente, con todos sus efectos sociales, amparada del prestigio de la creencia. Se formó la categoría de «cristiano viejo», base de la hidalguía, base del españolismo puro, signo de la limpieza de sangre, demostrada nada menos (y únicamente) que por la ranciedad de la creencia religiosa en la familia. Principio declarativo de la superioridad racial aplicado después en América con mayor violencia, porque saltaba a la vista una disimilitud étnica inexistente en la Península. Tal ha sido el sistema español castizo de comprender y vigorizar la nacionalidad: el disidente no pertenece a ella. Los movimientos populares españoles, cuando han valido algo, se henchían de la pasión contraria. La plebeyez española es en mucha parte la repulsa instintiva de aquella iniquidad. Porque son muy pocos los españoles eminentes que han sabido alumbrar bajo la costra de la grosería plebeya el filón patético del dolor humano. Cabalmente han sabido hacerlo los más grandes: Lope, en sus destellos mejores, y seguramente Cervantes. A propósito de nuestro tema: Cervantes nos ha dejado la escena del encuentro de Sancho con su amigo y[84] coterráneo Ricote, expulsado de su patria por ser morisco, refugiado en tierra extraña, donde está contento, porque «allí tienen la libertad de conciencia»... Los rebeldes pretenden administrarnos un concepto de lo nacional obtenido por aquel método. Lo que creen saber, lo que ignoran, sus móviles confesados, los que no aciertan a discernir, los impelen a rehabilitar ese espíritu. Sus gerifaltes se proclaman representantes o continuadores de la España de Felipe II. ¡Ave-

---

84. En la edición de Losada se omite «y» entre «amigo» y «coterráneo».

rigüen ustedes cómo se representan esos caballeros la España de Felipe II, quien prefería perder las diecisiete provincias de los Países Bajos a consentir la propagación del luteranismo! El general Primo de Rivera, encerrándose un día con sus secuaces en el patio de un castillo arruinado, se proclamó continuador de Isabel la Católica. ¡Por qué no de Almanzor, que también fue general español y victorioso! Un amigo mío demostró que la expresión de Primo de Rivera no fue caprichosa, sino ajustada a la verdad: en efecto, continuaba a Isabel la Católica, pero a nada conducía ya el continuarla. En eso fundo mis temores al explorar el futuro y mis augurios desastrosos para el espíritu español, si, pese al escarmiento, nos empeñamos en rehacer a la antigua usanza una nacionalidad a fuerza de unificación moral secesionista.

PASTRANA

¡Me aturde su retórica! ¡Muy brillante! Ha errado usted la vocación. Lástima que en vez de investigar la función del subjuntivo en el *Tumbo silense* no se dedique a la polémica histórico-político-literaria, habituada a las mayores licencias. ¡Qué papel habría hecho usted en las Cortes oponiéndose a los tradicionalistas de la derecha! ¡Por las barbas de Carlos Marx! ¡Qué tremendo ariete! No habrían podido llamarle a usted bárbaro ni ungulado, como a mí. Además de doctor español, es usted encargado de curso en la Universidad de Upsala y ha dado conferencias en la John Hopkins University... ¿no es así? Muy bien. Pues lamentando no haber contado con su auxilio, le diré mi sentir: andan ustedes volviendo y revolviendo esos conceptos: nación, nacional, nacionalidad, los miran al trasluz, les sacan el forro, empeñados en averiguar qué contienen, para qué sirven. Vano esfuerzo. No extraerán ustedes nada útil para la situación actual. Y como el pozo no da agua, llegan a la disparatada consecuencia de que la nación española ha dejado de existir. No existe para lo que pretenden ustedes utilizarla: como categoría normativa, valedera para subsanar el desgarramiento[84bis] interno de la nación misma. Conformémonos con la nación en tanto que fenómeno natural. Si ustedes se empeñan en cargarla de valores morales creados por ella, perdurables, la condeno. La nación utilizada así sería una fuerza inevitablemente conservadora, reaccionaria. En el momento presente, antirrevolucionaria. Cuanto más alto sea el valor universal, humano, de un hecho nuevo, más habrán de sufrir lo típico, lo peculiar. Cualquiera revolución lastima lo que en el momento de producirse tenía más crédito como rasgo nacional, aunque después se demuestre que no lo era tanto, o en modo alguno. En casos tales, el dictamen conservador del espíritu nacional nunca se obedece, aunque la nación se enriquezca a la larga con una experiencia cuyo contenido ejemplar también querremos apropiarnos.

MORALES

¿A usted no le duele como español lo que irreparablemente perdemos?

84bis. En la edición de Oasis: «desagarramiento».

Me duele. Pero es peligroso extremar el argumento. No vaya usted a producir una escisión por otro estilo. Se aflige usted por el quebranto o la pérdida del patrimonio nacional. ¿Patrimonio de quién?

MORALES

De todos. De sus valores complejos sacamos razones para amar noblemente a España.

PASTRANA

Sin duda. ¿Pero quién lo utiliza o lo disfruta?

MORALES

El pueblo entero.

PASTRANA

Según. Aquella expresión: «lo que hay en España es de los españoles», no pasa de ser una hipótesis igualitaria desacreditada. Del patrimonio nacional productivo vivimos todos, mejor o peor. Patrimonio formado por la suma de innumerables patrimonios particulares, téngalo presente, y el del Estado. Discurre usted como si el patrimonio nacional se formase de riquezas acumuladas y de los medios de obtenerlas o crearlas, solamente. Parte considerable del patrimonio es el trabajo, como quiera que aparezca y se aplique. El patrimonio será muy nacional, pero no es común. Vea usted si la diferencia es grave. Y en cuanto a nacional, lo menos posible. Se llama así solamente porque unos cientos de miles de Juanes y Pedros, sus poseedores, son de nuestra nacionalidad y usan el interés nacional como escudo protector. De los frutos del patrimonio nacional vivimos, pero muchos apenas viven, o malamente. Comprenderá usted por qué, al invocar el patrimonio nacional, bien para afligirse de su destrucción, o para excitarnos a su defensa, nadie puede ignorar que se destruye o se defiende la posesión de Juan o Pedro, y sabiéndolo, se afligen de su destrucción menos que si fuese común, o se esfuerzan (vista la necesidad del concurso de todos) en que el valor defendido responda de veras a su nombre de nacional. Esta segunda posición es más lógica y más útil, porque en efecto no conviene destruir los bienes de nadie. A mayor apremio y urgencia en el toque de salvamento del patrimonio nacional, anteponiéndolo a los fines primordiales de esta guerra, mayor violencia en el frenazo conservador dado en nombre de la nación, e incurre usted en el riesgo de desnacionalizar a su manera una inmensa parte del pueblo. Es conmovedor el duelo de usted por la destrucción de grandes monumentos españoles, parte improductiva del patrimonio nacional, y por lo mismo más llanamente de todos, no estando sujeta a las disputas por la riqueza. Comparto su duelo. Pero usted añade que, de resultas, su moral de guerra se ha quebrantado. Es grave. Vea usted, dicho crudamente, lo que advierto en la confesión de su quebranto: usted se encontraría mejor bajo la dictadura militar, con las catedrales y los museos intactos, que no con la República triunfante y los museos y las catedrales destruidos. La cultura y la sensibilidad de usted le llevan a descubrir, quizá con desagrado, que entre el pensamiento político de usted y el de los rebeldes la diferencia no es tanta como para inmolar por ella muchas cosas amables. Eso prueba usted, no otra cosa. Si el sentimiento peculiar de usted lo compartieran todos los de su educación y su clase, la consecuencia sería que esta guerra ya solamente pueden y deben hacerla los proletarios, y en general los desheredados de la civilización, pues en nombre de sus obras admirables, que no han podido siquiera conocer, se pretende desvirtuar su esfuerzo para adelantarla y extender a mayor número de hombres su protección. Consecuencia de las premisas que usted pone: rebote de la fuerza conservadora con que usted carga el concepto de nación. Socialista y todo como soy, ambiciono más justicia en mi nación, pero no destruirla. Condolernos de una gran desgracia es natural; pero de ahí a una reversión total de las causas,[85] media un abismo. El puro dolor no produce por sí solo tan profundo cambio. Algunas personas trabajadas por penas de amor se han metido a frailes. Sería caso nuevo que la tristeza de perder a la mujer amada o de quemarse unos monumentos nos volviese fascistas. Ninguna congruencia. A no ser que la impresión descubra simpatías enterradas. Debería usted entonces estrechar la mano a los causantes de su dolor.

85. En las ediciones de Losada y Oasis se omite la coma después de «causas».

Cada día le abre fuentes nuevas. He terciado en la polémica esperando ahuyentar la melancolía, cobrar fuerzas en la contradicción de ustedes. Fracaso. No me lastima el sarcasmo de usted. Creía merecer otra cosa. Usted gana. Me voy a ladrar a la luna. En esta sala hay tanto humo como en las cabezas. Vea usted: otros más sensatos andan por ahí afuera. Buenas noches.

BARCALA

¡Pobre Morales! Le ha maltratado usted.

PASTRANA

Me cargan los ecuánimes, es decir, los cucos.

BARCALA

Nunca se ha aprovechado de nada.

PASTRANA

No importa. Es de los que afectan distinción y finura, y, por exquisitos, rehúsan ponerse a[86] prueba, a reserva de en-

---

86. En la edición de Losada: «*en*», en lugar de «a».

contrar malo, plebeyo, cuanto hacen los demás. Soñaban[87] probablemente[88] con una República de gentes finas, sin muchedumbres, una República para la Academia de Ciencias Morales y Políticas. Hay muchos ejemplares de estos republicanos de la cátedra... Hablar bajito, sorber tazas de té... la cosa inglesa... una tabla finísima del quince... En cuanto hubo que exponerse, con la República, a recibir golpes, a que le llamen a uno tonto o pillo, no les gustó. Han contribuido a rehabilitar en política el señoritismo, aunque Morales, personalmente, no es señorito.

RIVERA

Agua pasada... Su horror por la destrucción de España es noble. Usted lo comparte.

PASTRANA

Ciertamente, pero mis motivos son otros. No se me ocurre tasar los sacrificios que la monarquía, el socialismo o la República pueden valer. La cuestión, ociosa de por sí, denota bastante candor. Todos creen jugarse las condiciones primordiales de su existencia y muchos se juegan la existencia misma. Partiendo de esa convicción, que se pudo muy bien excusar, cada cual ha hecho lo necesario para que la prenda disputada sea tan cuantiosa como dicen. Después ¿qué otra

87. En las ediciones de Losada y Oasis: «Soñaba».
88. En la edición de Losada: «*propiamente*», en lugar de «probablemente»

cosa puede importarles? Tampoco me interesa averiguar, en general, si es útil resolver por las armas una contienda política. La guerra civil podrá cortar a veces el nudo. Admitámoslo. Pero no lo corta siempre, e incluso lo aprieta, lejos de cortarlo. Aplicándolo a España, saco de ahí el último rasgo lúgubre de la tragedia.

RIVERA

Veamos cómo.

PASTRANA

Conoce usted por experiencia algunos estragos de la guerra. Otros se los imagina o los calcula. Ha oído usted aquí ponderar la enormidad de esta desventura. Bien. Cierre usted los ojos, represéntese con cuanto vigor le sea posible a España exangüe,[89] las ruinas, la miseria, el hambre; cargue las tintas negras; junte a Goya con Valdés Leal, la visión de Ezequiel y el Apocalipsis, multiplíquelo por su pavor personal y cuando haya obtenido un resultado insoportable de contemplar, le diré: falta el carácter peor de esta guerra.

RIVERA

¿Cuál?

89. En las ediciones de Losada y Oasis «exangüe» y «las» están separadas por un punto.

Su inutilidad. Esta guerra no sirve para nada. Se entiende, para nada bueno. No resuelve nada. Ya me contentaría con que el daño consistiera en pagar demasiado precio por un régimen. Siempre habríamos adquirido algo, aunque fuese caro. No es así; concluida, subsistirán los móviles que la han desencadenado y las cuestiones de orden nacional que se ha querido solventar a cañonazos reaparecerán entre los escombros y los montones de muertos, empeoradas por la guerra.

RIVERA

Entonces no habría más que continuarla con desesperación.

PASTRANA

En la lógica de las pasiones, lo que usted dice no es disparate. Pero la guerra, prorrogada o reencendida por los desesperados, tendrá fin. El odio consumirá su propia fuerza. Los enemigos se afrontarán como en julio de 1936, aunque desfallecidos, y no podrán sostener las armas. ¿Qué hacer entonces? Una inteligencia venida de Sirio sonreiría con lástima. Auguro que un vate gigantesco se alzará de entre nosotros y proferirá sobre este pueblo los sarcasmos desgarradores del escarmiento.

RIVERA

Me apabullan sus pronósticos. Es usted el derrotista máximo.

PASTRANA

No. Guárdeme el secreto. Mis pronósticos valen lo mismo para la victoria que para la derrota. Ahora a dormir, que es tarde.

RIVERA

Nos han dejado solos.

LLUCH

Venga usted, Rivera, la noche está de amor de Dios.

RIVERA

¡Qué hermosura, qué silencio! Ni el ruido del mar.

GARCÉS

Viene bien. La conversación me ha excitado y no podría dormir.

MORALES

¿Qué inquietos cuidados se interponen entre tus párpados y el sueño?, pregunta el poeta.

LLUCH

Contra el insomnio tengo unas pastillas de mucha fuerza.

GARCÉS

No las quiero. Temo abandonarme al sueño. Prefiero seguir a brazo partido con mis pensamientos. Luchar con ellos es una forma de la esperanza. ¿Usted no conoce ese estado?

MORALES

Conozco el pavor de despertar.

GARCÉS

Mire usted aquéllos, en la orilla. Tampoco quieren dormir. Por otros motivos.

BARCALA

Laredo y la Vargas... Se arrullan.

MORALES

Suya es la vida.

LLUCH

Son tan de la muerte como nosotros. Si escribe usted la crónica de esta velada, no la falsifique acabándola con un símbolo trivial.

MORALES

No escribiré la crónica. Cuanto he oído y meditado esta noche, me[90] servirá para añadir un capítulo a mi obra última, todavía inédita.

RIVERA

¿Cuál es?

MORALES

El *Viaje impensado a la Isla de los Bacallaos*. El capítulo nuevo contará cómo los bacallaos entraron en guerra con los atunes y de las paces que hicieron sobre sus raspas.

90. En la edición de Losada: «*no*», en lugar de «me».

¿Sátira?

MORALES

Apenas. Traspongo a términos generales muchas obser-vaciones.

GARCÉS

¿Quiénes son los bacallaos?

MORALES

Todos y nadie. Si usted quiere, nosotros mismos.

GARCÉS

Me gustaría leerlo.

MORALES

En la primera ocasión. Ahora voy a aprovechar todavía un rato para escribir.

RIVERA

¿Y qué hacemos nosotros?

BARCALA

Dormir. Mañana será otro día.

GARCÉS

Uno más.

LLUCH

Uno menos.

(Silencio. El mar apenas resuella. La noche se deslíe en gris desvaído, atacada por vagos fulgores. Una raya en el horizonte dibuja el lomo de las aguas, su límite redondo. Pájaros madrugadores. Un gallo alerta. Planos lívidos de las casas, un olivo que la noche ha dejado intacto, el perfil geométrico de la araucaria. La gran función de la amanecida comienza, con timbres y colores siempre nuevos. El hombre, preso del capullo del ensueño, agoniza con fantasmas desapacibles, se queja como un bicho desvalido. Del cielo se desploman los aviones, flechados al pueblo. Ya están encima. Estrépito. En manojos, las detonaciones rebotan. Chasquidos, desplomes, polvo, llamas. ¿De dónde sale tanta criatura? Otra pasada. Estruendo de bombas. Ráfagas de metralla. El pueblo corre, aúlla, se desangra. El pueblo arde. Del albergue quedan montones de ladrillos, que expiran humo negro, como si los cociesen otra vez. Los aviones, rumbo al este, brillan a los rayos del sol, invisible[91] desde tierra.)

Barcelona, abril, 1937

91. En la edición de Losada: «invisibles».

Esta edición de *La velada de Benicarló*,
de Manuel Azaña,
se terminó de imprimir en CPI Black Print,
el 21 de octubre de 2024